Schöpferisch mit System

Arbeitshefte Führungspsychologie

Herausgegeben von Prof. Dr. Ekkehard Crisand, Wilhelmsfeld

Band 39

Schöpferisch mit System

Kreativitätstechniken nach Edward de Bono

von

Dr. Andreas Novak

Berlin

Mit 10 Abbildungen

I. H. Sauer-Verlag GmbH

Heidelberg

Die Deutsche Bibliothek – CIP-Einheitsaufnahme

Novak, Andreas:
Schöpferisch mit System : Kreativitätstechniken nach Edward de Bono / von Andreas Novak. – Heidelberg : Sauer, 2001

(Arbeitshefte Führungspsychologie ; Bd. 39)

ISBN 3-7938-7250-5

ISBN 3-7938-7250-5

Satzkonvertierung: Lichtsatz Michael Glaese GmbH, 69502 Hemsbach

Druck und Verarbeitung: Progressdruck GmbH, 67346 Speyer

Umschlagentwurf: Konrad Peter Zug, 69488 Birkenau

♾ Gedruckt auf säurefreiem, alterungsbeständigem Papier, hergestellt aus chlorfrei gebleichtem Zellstoff (TCF-Norm)

Printed in Germany

Vorwort

Dieses Buch handelt von Kreativitäts- und Denktechniken. Pate steht dabei *Edward de Bono*, mit dem ich das immer angenehme Vergnügen hatte, bei diversen Gelegenheiten zusammenzuarbeiten. Die Orte der Zusammenarbeit sind so divers wie *Edward de Bonos* nach wie vor umfänglicher Reise- und Vortragsplan zeigt: Singapur; Malta, die Insel, auf der er geboren und aufgewachsen ist; London, als Ort, wo er heute lebt, wenn er nicht dort ist, wo ich einmal ein viertägiges Kreativitätsseminar mit ihm leitete, nämlich Venedig, oder auch Chicago, wo wir uns zu verschiedenen Anlässen trafen.

Die Grundlage für mein Zusammentreffen mit *Edward de Bono* haben, ohne es zu wissen, meine Kunden gelegt: In den Organisationsentwicklungsprojekten, Konfliktlösungsworkshops und Gruppentrainings, in denen ich seit Beginn der neunziger Jahre arbeitete, wurde ich hin und wieder mit der explizit ausgesprochenen oder auch nur implizit verspürten Notwendigkeit konfrontiert, mir mit und für die Kunden neue Wege und Herangehensweisen einfallen zu lassen.

Neue Ideen entwickeln ist ein Teil von Kreativität. Ich ging von dem „Wissen“ über Kreativität aus, das ich mit vielen Menschen damals teilte und an das auch heute noch viele Menschen glauben, ich jedoch nicht mehr: Kreativität hat man oder man hat sie eben nicht. Es gibt Leute wie *Einstein* oder *Newton* oder *Mozart*, alles hochkreative Menschen auf ihren Gebieten, aber an die kommt man doch als Normalsterblicher nicht heran. Wäre doch vermessen. Und das ist dann das Ende vom Lied und man kann sich zurückziehen und für sich entscheiden, dass man das kreative Denken durchaus Berufeneren überlassen kann.

Die Ausreden halfen jedoch nicht und ich fing an, Bücher zu lesen. Dabei stolperte ich über eines der zahlreichen Bücher von *Edward de Bono*, in dem er seine Kernbotschaft verbreitete: Man kann lernen, kreativ zu sein und neue Ideen zu entwickeln. Auch dann gibt es immer noch unterschiedlich kreative Menschen, aber jeder kann eine Grundausrüstung mitbekommen. Das weckte mein Interesse und ich fand mich plötzlich im Jahre 1995 auf einem von ihm geleiteten Ausbildungsseminar *Laterales Denken* in Chicago wieder. Die Faszination der Person und vor allem das Ausleben dessen, was er schreibt und sagt, der nie versiegende Humor als eine Beschreibung des *Lateralen Denkens* ist das Eine, das Zweite interessierte mich natürlich auch sehr bald: Funktionieren die Techniken, um auch mich auf neue Ideen zu bringen, Ideen, die ich vorher nicht hatte und von denen ich erstaunt bin, sie „plötzlich“ im Kopf zu haben? Sie funktionierten und sie funktionierten auch deswegen, weil sie eben nicht schnell entwickelt und verkauft wurden aufgrund einer gerade einmal aktuellen Trainings-Markt-Anforderung, sondern weil sie über lange Jahre hin sorgsam durchdacht und entworfen worden waren. Die Ursprünge gehen auf die sechziger Jahre und *de Bonos* Arbeit über Informationsverarbeitung im Gehirn und neuronale Netze zurück, zu einer Zeit, als er als Mediziner in der Forschung tätig war (*de Bono*, 1969).

Der Rest meiner Geschichte mit *de Bono* ist schnell erzählt: Ich begann, erste Erfahrungen mit den Techniken als Seminarleiter zu bekommen und parallel dazu gründete sich das *Forum für Kreatives Denken*, die Vertriebsorganisation für die de Bono-Seminare im deutschsprachigen Raum. Diese Organisation, vor allem in der Person einer seiner Gründer, *Dr. Emil Lux* (auch Mitgründer der OBI-Baumärkte) ließ nicht locker und meinte, ich müsse zukünftig auch die Rolle übernehmen, Trainer auszubilden, damit die Seminare in Deutschland weiter verbreitet würden. Diese Rolle hatte sich ursprünglich *de Bono* allein vorbehalten, dann wurde sie auf erfahrene Trainer, zuerst in den USA, weitergegeben und dann auch außerhalb der Vereinigten Staaten. So wurde ich einer der wenigen Master-Trainer, die neben ihrer normalen Trainings- und Beratungstätigkeit auch Trainer in den Seminaren ausbilden. In dieses Buch habe ich einige meiner Erfahrungen mit einigen der Techniken eingearbeitet; alle, sowohl Techniken als auch Erfahrungen, hätten den Rahmen gesprengt.

Zurück zu *de Bono:* Vielleicht charakterisiert die folgende Geschichte seines Sohnes Caspar, die er auf einem Treffen in Malta erzählte, den Vater am besten: „Als ich so sechzehn Jahre alt war, hatten meine Freunde immer Ärger, wenn sie nach Hause kamen und nach Rauch rochen, weil wir mal wieder heimlich Zigaretten ausprobiert hatten. Mein Vater mochte das auch nicht, aber Probleme bekam ich damit nicht. Womit es aber ständig Probleme gab, war die Situation, in der er irgendwas von mir wollte und ich erwiderte: ‚Papa, das geht nicht!‘ Und er sagte: ‚Geht nicht, gibt's nicht, dann denk‘ darüber nach!‘“

Berlin, im Herbst 2000

Andreas Novak

Inhaltsverzeichnis

I. Grundlagen der Informationsverarbeitung im Gehirn

Wenn Sie morgens aufstehen und sich anziehen, haben Sie wahrscheinlich 11 Kleidungsstücke in der richtigen Reihenfolge an sich anzubringen: Unterhose, Unterhemd, Hemd, Sakko, zwei Socken, zwei Schuhe, eine Hose, einen Mantel oder eine Überjacke und eine Uhr. Wenn Sie nicht wüssten, wie es geht, hätten Sie, rein rechnerisch, $11 \times 10 \times 9 \times 8 \times 7 \times 6 \times 5 \times 4 \times 3 \times 2 \times 1$ Möglichkeiten der Kombination. Ein normaler Taschenrechner kann die Zahl der Möglichkeiten schnell berechnen: 39916800; Sie hätten aber wahrscheinlich das Problem, wenn Sie alle möglichen Kombinationen ausprobieren müssten, pünktlich an Ihren Arbeitsplatz zu gelangen. Sie lösen die Herausforderung jedoch mit sicherem Gespür.

Genauso souverän steuern Sie Ihren Wagen durch dichten morgendlichen Verkehr. Sie betreten das Büro, in dem Sie den Tag über alle möglichen Dinge verrichten werden und ein Klingeln begrüßt Sie, kurz nachdem Sie eingetreten sind. Sie schauen sich nicht erschreckt um, wo dies denn herkommt, sondern greifen zum Telefonhörer, melden sich so, wie es den Standards der Firma entspricht und beginnen damit ihren Arbeitsalltag.

Wenn Sie am Abend nach Hause kommen, erzählt Ihnen Ihr Lebens- oder Ehepartner, dass Ihre gemeinsame Tochter heute schmerzhaft gelernt hat, dass die fettige Nachtcreme der Mutter nicht für die Haare gedacht ist. Die Kleine hatte sich die Creme auf dem gesamten Kopf verteilt und es musste eine Generalreinigung unternommen werden, die ihr gar nicht gefiel.

Dafür überrascht Sie Ihr Sohn mit einer Geschichte, die er aus der Schule mitgebracht hat: „Papa, was machst du, wenn du in der Wüste plötzlich auf eine Schlange triffst?“ Sie denken nach und kommen mit solchen Lösungen wie: Langsam einen geordneten Rückzug antreten, wenn Sie ein Westernheld wären, die Waffe ziehen etc. Keine der Lösungen mag den Sohn zu befriedigen und Sie kommen einfach nicht drauf. (Die „Lösung“ für diese und die weiteren Aufgaben finden Sie, falls Sie ungeduldig werden, auf der S. 17).

Natürlich bereiten uns alle alltäglichen Situationen, wie das Anziehen, das an sich hochkomplexe Autofahren, ein klingelndes Telefon und eine Cremedose keinerlei Probleme, mit ihnen umzugehen. Wir sind sehr gut in der Beherrschung von Standardsituationen und wissen, wie auf diese zu reagieren ist. *Edward de Bono* nennt dieses Verhalten unseres Gehirns Musterbildung, die automatisch und aktiv geschieht; sie ermöglicht es uns, auf Situationen und Anforderungen zu reagieren.

Ein einfaches Beispiel für Musterbildung: Sie werden jetzt vier Wörter nacheinander zum Lesen bekommen.

- Morgenstern
- Abendstern
- Blauelstern
- Zwergelstern

Die ersten beiden sind tatsächlich Sterne. Nur die letzten beiden sind keine Sterne, wie Sie wahrscheinlich erst beim zweiten Lesen gemerkt haben. Mit dem ersten Wort, das in der Reihe gelesen wird, bildet man automatisch ein Sprachmuster aus. Dies wird auf die folgenden Wörter übertragen, wobei eben beim dritten und vierten Wort das ursprünglich gebildete Muster keinen Sinn mehr macht.

Wir lernen Musterbildung von Geburt an über die Zeit. Wir erkennen Situationen wieder und können auf sie adäquat reagieren, ohne jedesmal wieder alles neu lernen zu müssen. Dies ist eine brillante Eigenschaft unseres Gehirns, denn wenn es anders wäre, könnten wir uns in der Welt nicht orientieren. Andererseits liegt hier die Herausforderung: Wie entwickeln wir neue Ideen mit einem Denken und einer Wahrnehmung, die besonders für die Lösung von Standardsituationen geeignet ist?

Oder nehmen wir das Problem von Cäsar und Cleopatra. Die beiden werden tot aufgefunden. An der Stelle, wo man sie findet, ist der Boden nass. Außerdem liegen dort auch Scherben. Was ist da wohl geschehen?

Wenn Sie versuchen, die Lösung herauszufinden, werden Sie darüber nachdenken, in welchen Zusammenhängen Ihnen Cäsar und Cleopatra schon einmal begegnet sind. Sie befinden sich gedanklich auf der Hauptbahn, die in Abbildung 1 von A nach B verläuft.

Je nach Erfahrung und Wissensstand mag diese Hauptbahn durchaus unterschiedlich ausfallen: Sie werden, wenn Sie geschichtlich gebildet sind, überlegen, was damals wohl zur Zeit der Römer in Ägypten geschehen sein mag und versuchen, in diesem Suchraum die Lösung für das Problem zu finden. Vielleicht sind Sie aber auch ein Fan von Kinofilmen und Sie erinnern sich an die Verfilmung der Geschichte von Cäsar und Cleopatra mit den berühmten Schauspielern des US-amerikanischen Kinos, mit Richard Burton und Elizabeth Taylor. In beiden Fällen geschieht in Ihrem Gehirn das, was geschehen muss, damit wir uns in unserer Welt sicher bewegen können, ohne alles neu lernen zu müssen: Die bekannten Informationen ordnen sich selbst und aktiv in der Hauptstraße oder in dem Muster an, sei es nun die Haupt-

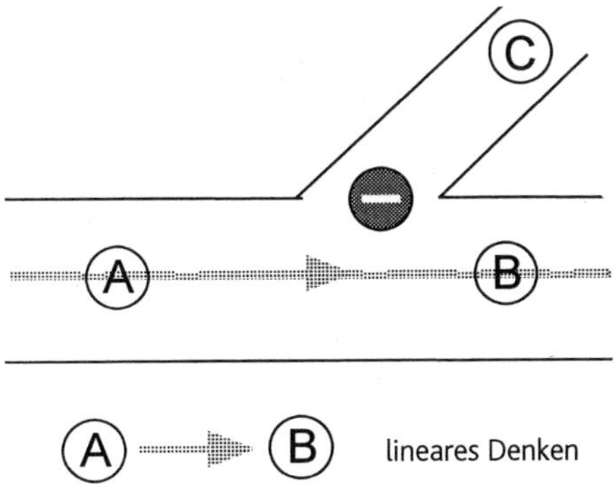

Abb. 1: Lineares Denken

straße mit dem Titel: „Geschichte Roms und Ägyptens" oder mit dem Titel: „Filmklassiker". Auf dieser Hauptstraße, symbolisch gesprochen, suchen Sie nun nach der Lösung für das Problem. Diese Art des Denkens ist unser normales lineares Denken, das aus den zur Zeit verfügbaren Informationen den größten Nutzen zieht und sie abgleicht mit dem, was uns bekannt ist. Dazu müssen die erlangten Informationen in Bahnen oder Muster kommen, die „Sinn" ergeben können, wobei Sinn das meint, was wir aufgrund unserer Erfahrung als „Sinn" einstufen.

„Sinn" hängt mit unseren Lebenswelten oder Universen, in denen wir uns bewegen, zusammen. Einige Beispiele sollen dies illustrieren:

Drei Menschen halten einen Holzblock fest. Alle drei lassen ihn auf ein Kommando hin los. Bei Person eins fällt der Holzblock nach unten. Bei Person zwei schwebt er nach oben. Bei Person drei jedoch bleibt der Holzblock in genau der gleichen Position, obwohl er nicht mehr festgehalten wird. Klar können wir uns sofort erklären, dass bei Person 1 der Holzblock nach unten fällt. Diese Person ist offensichtlich im Universum Erde und die Erdanziehungskraft schlägt zu. Aus diesem Universum heraus ist das Verhalten des Holzblocks bei Person 2 seltsam, bei Person 3 noch abstruser. Person 2 jedoch befindet sich unter Wasser und natürlich treibt der Holzblock nach oben. Person 3 reist in einem Raumschiff zum Mond. Bei Null-Gravitation bleibt der Holzblock dort, wo er ist. Innerhalb der drei Universen ein vollständig normales und logisches Verhalten. Es hängt lediglich davon ab, in welchen Universen wir uns befinden (*de Bono*, 1991, S. 60).

Reisende in andere Länder, zu anderen Kulturen werden durch die Begegnung mit dem Fremden in ihren eigenen Universen erschüttert, wenn sie es denn zulassen. Wenn sie es nicht zulassen, dann sind die Sitten der anderen nur komisch oder nicht verständlich oder eben im schlimmsten Falle barbarisch. Wenn ein konfuzianisch-wohlerzogener Chinese lächelt oder gar lacht, wenn ihm etwas Schlimmes wie ein Unfall geschehen ist, dann scheint uns dieses Verhalten seltsam. Die Sicht verändert sich, wenn man in sein Universum eintritt. Man versteht dann, dass die Situation für ihn bedeutet, in den Augen der Anderen sein Gesicht zu verlieren, wenn er anfinge, sich aufzuregen. Um dies nicht zu tun, lächelt er freundlich.

Bringt Ihnen Ihr Schuldner in einem islamischen Land das geschuldete Geld zurück, dann tun Sie gut daran, auch wenn es sich um eine außerordentlich vertrauenswürdige Person mit hohem gesellschaftlichen Ansehen handelt, vor seinen Augen auf Heller und Pfennig nachzuzählen. In Europa würden Sie das mit der gleichen Person sicherlich nicht tun (*de Bono*, 1991, S. 59).

Wenn meine Teilnehmer in Kreativitätsseminaren auf die Cäsar-und-Cleopatra-Geschichte zu etwa 80% in der römischen oder ägyptischen Geschichte nachkramen, um die Lösung zu finden, und in etwa 20% sich an den Film zu erinnern versuchen, dann bewegen sie sich in den ihnen bekannten Universen. Diese machen „Sinn" für sie. Unsere neuronalen Netze verschalten die Informationen automatisch so, dass wir aus ihnen Sinn machen können und sie angliedern an das, was wir kennen.

Ein altes deutsches Sprichwort benennt die Problematik der eigenen Universen im Kopf sehr treffend: Man sieht den Wald vor lauter Bäumen nicht. Daher werden viele Kreativitätsrunden interdisziplinär besetzt, man möchte eben, sehr zu Recht, erreichen, dass die eigenen Universen, die zu Blindheiten führen, von anderen, die die Universen nicht teilen, aufgebrochen werden.

Wir denken in unseren eigenen Universen und wir denken logisch und kritisch: Das ist lineares Denken, sinnvoll und erprobt. Es lässt uns Situationen meistern, indem wir auf sie in durch Erfahrung gelernter Art und Weise reagieren – für die meisten Fälle unseres Lebens durchaus angemessen. Aber eben nicht neu.

II. Die Notwendigkeit neuer Ideen

Es besteht allenthalben die Notwendigkeit für neue Wege, neue kreative Ideen in der Welt. Im Geschäftsleben ist das mittlerweile anerkannt und viele Unternehmen müssen, um den notwendigen Vorsprung vor den Mitbewerbern zu sichern, ständig neue Ideen entwickeln, zur Marktreife bringen und dem Kunden verkaufen.

Aber nicht nur im Business sind neue Ideen notwendig. Viele Bereiche des gesellschaftlichen Lebens stehen vor Herausforderungen, auf die es neue Antworten zu finden gilt, die nicht das immer wieder Gemachte einfach weiter so machen. Die Stichworte dazu sind uns bekannt und sollen hier nur aufgelistet werden:

- Wir sind mit einer massiv steigenden Weltbevölkerung mit all den Problemen, die damit zusammenhängen, wie Umweltverbrauch, Energieverbrauch, Umweltverschmutzung, Nahrungsbedarf, etc. konfrontiert.
- Im Bereich der Bildung werden hohe Anforderung gestellt: Neue Medien, unglaublich schnelle Veränderungen von Wissenschaft und Technik, mit denen Menschen konfrontiert werden und lernen müssen, damit umzugehen. Auch in der primären Ausbildung in Schulen wird Kreativität allenthalben gefordert; in Großbritannien beispielsweise vom *National Advisory Committee on Creative and Cultural Education*, das vom Bildungs- und Erziehungsministerium einberufen wurde und einen entsprechenden Bericht vorgelegt hat (DfEE, 1998/99).

Die Liste der Notwendigkeiten für kreative, neue Ideen können Sie selbst wahrscheinlich schnell und problemlos erweitern.

Neue Ideen entstehen immer wieder. Auch sie sind Teil unseres Denkens. Wenn die Lösung für ein Problem entdeckt wurde, die wirklich neu ist, dann denkt man sich entweder in alter Archimedes-Manier: Heureka – ich hab's! Oder auch: Warum ist mir das denn nicht gleich eingefallen? Im Nachhinein scheint die Sache dann ganz einfach zu sein, nur im Vorhinein darauf zu kommen, ist schwierig, weil wir uns auf den Hauptbahnen unseres Denkens bewegen und immer zu den gleichen bekannten Lösungen kommen. Statt linear können wir auch lateral denken.

III. Laterales Denken

Den Unterschied zwischen *linearem* und *lateralem* Denken mag eine Geschichte verdeutlichen:

Die Geschichte mit den Kieselsteinen

Es begab sich zu einer Zeit, als die Menschen wegen Schulden noch im Kerker bei Wasser und Brot schmachten mussten. Ein Händler in Köln hatte das Unglück, einem Geldverleiher eine große Summe Geldes zu schulden. Das Schiff mit den Waren, die er im Morgenland bestellt hatte, war verschollen, und nun wusste er nicht, wie die Schulden zurück zu zahlen seien.

Der Geldverleiher, ein hässlicher, feister Kerl, wollte die Tochter des Händlers zu seiner Gemahlin machen. Er unterbreitete dem Händler folgenden Vorschlag: Er erließe ihm alle Schulden, würde ihm dieser seine schöne junge Tochter zur Frau geben.

Da Vater und Tochter ob dieses Vorschlages entsetzt waren, schlug der Geldverleiher vor, die Vorsehung entscheiden zu lassen. Er sagte, er würde in einen Beutel einen schwarzen und einen weißen Kieselstein legen. Die Tochter müsse in den Beutel greifen und einen Stein herausnehmen. Wenn sie den schwarzen Stein ziehen würde, müsste sie seine Frau werden und dem Vater seien alle Schulden getilgt. Ziehe sie den weißen Stein, sei sie frei, und dem Vater würden ebenfalls alle Schulden erlassen. Würde sie sich jedoch weigern, müsste der Vater im Gefängnis bei Wasser und Brot darben.

Die beiden willigten ein, denn es schien keinen anderen Ausweg zu geben. Während sie sich also im Garten des Geldverleihers unterhielten, bückte sich der Verleiher und hob zwei Kieselsteine auf. Die Tochter beobachtete ihn ängstlich und sah, dass er zwei schwarze Steine in den Beutel tat. Dann bat er das Mädchen, den Stein zu ziehen, der über ihr und das Schicksal ihres Vaters entscheiden würde.

Stellen Sie sich vor, Sie stünden im Garten des Geldverleihers. Was würden Sie an Stelle des unglücklichen Mädchens machen. Wenn Sie ihr einen Vorschlag machen könnten, was würden Sie ihr raten? Welche Art des Denkens würden Sie nutzen, um das Problem zu lösen? Sie mögen annehmen, dass eine genaue logische Analyse zu einer Lösung führen muss, wenn es denn überhaupt eine Lösung gibt. Diese Art des Denkens ist das nach vorne gerichtete lineare Denken. Die andere Art ist das *laterale Denken*.

Lineare Denker sind in solchen Situation meist nicht von großer Hilfe für das Mädchen. So wie sie das Problem analysieren, gibt es drei Handlungsmöglichkeiten:

1. Das Mädchen sollte sich weigern, einen Stein zu nehmen.
2. Das Mädchen sollte zeigen, dass zwei schwarze Steine im Beutel liegen und damit den Geldverleiher als Betrüger entlarven.

3. Das Mädchen sollte einen schwarzen Stein ziehen, sich selbst opfern und damit ihren Vater vor dem Gefängnis bewahren.

Keiner dieser Vorschläge ist besonders hilfreich: Nimmt sie keinen Stein, dann geht ihr Vater ins Gefängnis, nimmt sie jedoch einen Stein aus dem Beutel, muss sie den Geldverleiher heiraten. Den Betrugsversuch des Geldverleihers schließlich zu entlarven, kann im besten Fall dazu führen, dass dieser mit ehrlichen Karten spielt; dann bekommt das Mädchen eine fünfzigprozentige Chance, den richtigen Stein zu ziehen. Vielleicht kann sie aber auch aus der gegebenen Situation für sich selbst und ihren Vater eine hundertprozentige Chance zum Gewinn herausholen.

Die Geschichte zeigt den Unterschied zwischen *linearem* und *lateralem* Denken. *Lineare* Denker sind mit der Tatsache beschäftigt, dass das Mädchen einen Stein nehmen muss. Sie nehmen die vernünftigste Sichtweise auf die Situation ein und gehen dann logisch und stringent vor, um die Situation zu lösen. *Laterale* Denker tendieren dazu, eine Situation aus allen möglichen Blickwinkeln zu betrachten, statt diejenige zu nehmen, die am vernünftigsten erscheint, und von ihr aus dann weitere Schritte zu unternehmen. Sie kommen so auf den Gedanken, sich nicht nur mit dem Stein zu beschäftigen, der herausgenommen werden soll, sondern auch mit dem, der im Beutel zurückbleibt.

Die Tochter kann also von der linearen Denkweise Abstand nehmen und die Aufmerksamkeit vom Stein, der gezogen werden muss, abwenden; statt dessen sollte sie das Denken auf den Stein, der nach dem Ziehen zurückbleibt, lenken, um zu sehen, was man mit dem machen kann. Bleiben wir bei den Regeln des Spiels: Der weiße Stein führt zum Gewinn, der schwarze Stein zum Verlust. Es gibt aufgrund des Betrugsversuches keinen weißen Stein, wohl aber einen schwarzen. Im Beutel liegen nach der Regel ein weißer und ein schwarzer Stein. Der Stein, der im Beutel zurückbleibt, sagt offensichtlich etwas über den Stein aus, der gezogen worden ist.

Die Tochter steckte ihre Hand in den Beutel und zog einen Stein heraus. Ohne ihn zu zeigen, ließ sie ihn sofort auf den Boden fallen, wo er zwischen all den anderen schwarzen und weißen Kieselsteinen verschwand. „Oh, wie ungeschickt von mir", sagte sie. „Aber eigentlich macht das ja nichts, denn wir brauchen ja nur in den Beutel zu schauen, um zu sehen, welcher Stein übrig ist."

Da der Stein, der sich noch im Beutel befindet, schwarz ist, muss angenommen werden, dass derjenige, den sie gezogen und fallengelassen hat, weiß war. Der Geldverleiher muss dem zustimmen, denn ansonsten müsste er seinen Betrugsversuch zugeben. Hier wird deutlich, wie das Mädchen durch *laterales Denken* eine an sich aussichtslose Situation in eine für sie und ihren Vater sehr vorteilhafte Situation verwandelt hat. Denn beide sind nun sehr viel besser dran als sie gewesen wären, selbst wenn der Geldverleiher von Anfang an mit ehrlichen Karten gespielt hätte. Denn dann hätten sie nur eine fünfzigprozentige Chance gehabt, die Sache zum Guten zu wenden.

(Nach *Edward de Bono*, 1967)

Laterales Denken heißt, quer zu den Mustern, den Hauptbahnen unseres Denkens zu gehen:

Ist der neue Weg über den Einstieg „C“ erst einmal gefunden, hat man also die Aufmerksamkeit auf den „anderen Stein“ gelenkt, dann erscheinen das Thema oder die Lösung im Nachhinein plötzlich völlig logisch. Und man fragt sich zu Recht, warum man darauf eigentlich nicht früher gekommen sei. Dass man darauf nicht früher gekommen ist, hängt mit der Eigenschaft unseres Gehirns zusammen, selbst aktiv Informationen zu verarbeiten, um aus ihnen Sinn zu machen; sie also anzugliedern an etwas bereits Bekanntes. Das geschieht dementsprechend auf den Hauptbahnen unseres Denkens, die in Abbildung 2 schematisch den Weg von A nach B darstellen, wobei nicht oft genug wiederholt werden kann, dass diese Eigenschaft unseres Gehirns absolut lebensnotwendig ist. Ohne sie wäre uns nämlich die Orientierung in der Welt unmöglich – man müsste alles immer wieder neu lernen. Das Gehirn ist also für Standardsituationen brillant ausgelegt, nur sind diese eben gerade dann, wenn wir neue Wege und Alternativen suchen, nicht besonders hilfreich.

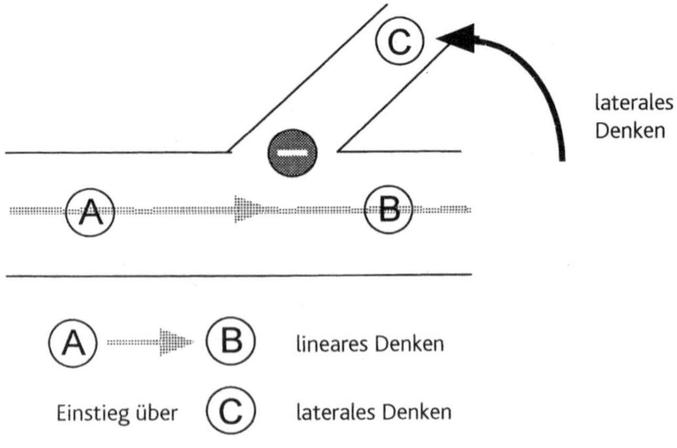

Abb. 2: Lineares und Laterales Denken

Lateral ist uns nicht unbekannt: Humor hat das gleiche Prinzip

Diese Funktionsweise unseres Gehirns, wie es Informationen verarbeitet und wie es laterale Sprünge macht, ist uns gar nicht unbekannt. *Edward de Bono* weist in diesem Zusammenhang darauf hin, dass im Humor und in Witzen genau diese Funktionsweise augenfällig wird. In dem Augenblick, in dem Sie über einen Witz lachen, befinden Sie sich an Punkt C der Abbildung 2. Plötzlich merken Sie, dass es diesen Pfad zu C hin gibt, der ihnen ohne den lateralen Sprung nicht aufgefallen wäre. Von der Hauptbahn unseres Denkens gibt es keinen direkten Zugang zu C – der Punkt C kann jedoch über das *laterale Denken* erreicht werden.

Hier wird es auch Zeit, die beiden Rätsel aufzuklären: Cäsar und Cleopatra fand man tot am Boden liegend; neben sich Glasscherben und auch der Boden war nass. Nun kann natürlich alles Mögliche geschehen sein, das den Tod der beiden verursacht hatte. In diesem Fall war es Materialermüdung, das heißt, das Glas des Aquariums hat dem Druck des Wassers nicht mehr standgehalten. Daher liegen die beiden Goldfische mit Namen Cäsar und Cleopatra auf dem nassen Boden, neben den Resten des Aquariums, das sich in Scherben aufgelöst hat.

Wenn Sie in der Wüste auf eine Schlange treffen, dann wäre es eigentlich das Nächstliegende, sich hinten anzustellen. (Für Freunde solcher lateralen Denksportaufgaben: Es gibt in den englischsprachigen Buchhandlungen eine ganze Reihe von kleinen Büchern, die Titel wie: *Lateral Thinking Puzzles* tragen. Sie sind gut als kleine Denkübungen zu nutzen, die jedes Mal vor Augen führen, wie unsere normale, lineare Denkweise funktioniert und wie wir durch *laterales Denken* aus den Hauptbahnen unseres Denkens herauskommen.)

Kreativität hat sehr viel mit Humor zu tun, denn Humor zeigt das Verhalten unseres Gehirns als musterbildendes System, das Wahrnehmung und Reaktion auf Wahrgenommenes ermöglicht. Diese Reaktion findet in der Regel auf den „Hauptbahnen" unseres Denkens statt; jeder Witz zeigt jedoch auch die Existenz des Nebenweges – wenn Sie lachen, sind Sie an Punkt C der Abbildung 2 und erkennen den Weg der Ihnen von der Hauptbahn aus nicht erkennbar war. Hier liegen die neuen Ideen.

In meinen Seminaren und Anwendungsworkshops stelle ich immer wieder fest, dass die Teilnehmer bei einer neuen Idee, die sie gerade in individueller Arbeit entwickeln, anfangen zu schmunzeln oder zu kichern. Allein dieses Verhalten zeigt mir, dass das Tool, das ich die Seminarteilnehmer gerade vorher gelehrt habe, funktioniert: Sie kommen, bezogen auf ihren Fokus, ihr Thema, für das sie neue Ideen entwickeln sollen, auf Ideen, die sie vorher nicht hatten. Man fängt dann an zu schmunzeln.

IV. Einige Kreativitätstechniken des lateralen Denkens

Wie kommt man auf neue Ideen? Ein Weg ist sicherlich, sich hinzusetzen, über sein Thema nachzudenken und zu hoffen, dass einem etwas einfällt. Das kann dann auch geschehen. Ein zweiter Weg ist, entspannende Musik aufzulegen, es sich bequem zu machen und auch dann zu hoffen, dass einem etwas einfällt. Auch hier ist der Erfolg möglich.

De Bono hat einen schönen Vergleich über unser übliches Denken bezogen auf Kreativität: Man stelle sich einen normalen Menschen vor, der mit einem Seil gefesselt ist. Sicherlich kann dieser Mensch nicht Geige spielen. Wenn man ihm seine Fesseln abnimmt, kann er immer noch nicht automatisch Geige spielen. Und doch denken viele Menschen über Kreativität genau so: Man müsse die Menschen nur aus ihren Beschränkungen befreien, und schon seien sie kreativ. Als ob es reichen würde, das Seil durchzuschneiden, begeben wir uns in schöne Umgebungen, lockern die Krawatte und hoffen, dass uns etwas Neues einfällt.

Die Lockerungen können durchaus notwendige Bedingungen sein, sind aber keinesfalls hinreichend. Die Aufforderung des Managements an die Mitarbeiter: „Nun seid doch mal kreativ“, wie sie manchmal zu hören ist, macht aus ihnen noch keine kreativen Menschen. Genau so wenig wie das Durchschneiden des Seils aus einem Menschen einen Geigenspieler macht, wenn er nicht gelernt hat, Geige zu spielen.

Will man sich also nicht nur hinsetzen und hoffen, dass einem, auch in einer entspannenden Umgebung, etwas einfällt, dann muss man *lernen*, kreativ zu sein und neue Ideen zu entwickeln. Und man kann Kreativität lernen, so wie man alles andere lernen kann. Wenn unser Gehirn und unsere Wahrnehmung so funktionieren wie geschildert, dann geht es darum, uns aus den Hauptbahnen unseres Denkens herauszubewegen, um den neuen Einstieg bei C zu finden: „quer“ zu denken oder eben lateral. Das Konzept des lateralen Denkens nach *de Bono* umfasst mehrere Techniken. Auf zwei davon – den Zufallseinstieg und die Provokations- und Bewegungstechniken – möchte ich im Folgenden näher eingehen. Zuvor jedoch steht der Fokus im Mittelpunkt, die Grundvoraussetzung jedes kreativen und zielgerichteten Denkens.

1. Immer zu Beginn: Der Fokus

Zu Beginn jedes kreativen Nachdenkens muss immer ein Fokus, ein Thema, stehen. Man muss wissen, wo man überhaupt nach kreativen, neuen Ideen sucht. So banal diese Forderung klingt, so schwer ist sie zu erfüllen. Wenn ich mit Teilnehmern in Kreativitätsworkshops arbeite, ist immer wieder festzustellen, dass die Identifikation von Themen, für die man neue Ideen braucht, nicht sehr einfach ist. Es fällt den meisten recht leicht, Probleme und Schwierigkeiten zu identifizieren, denen sie in ihren Unternehmen begegnen und für die sie neue Ideen und Lösungen finden wollen. Chancen und Möglichkeiten, die über die Behandlung aktueller Probleme hinausgehen, werden jedoch nur eingeschränkt wahrgenommen.

Über Probleme und Schwierigkeiten nachzudenken und neue Ideen zu ihrer Lösung zu finden, stellt *eine* Art des Fokus dar, den sogenannten Zweck-Fokus. Solche Fokusse zu bilden, fällt jedem recht leicht, denn qua definitionem denken wir hier über Probleme und Schwierigkeiten nach, die immer leicht zu finden sind, weil sie unsere Aufmerksamkeit erregen. Wir wollen beispielsweise etwas verbessern, etwas beschleunigen, Kosten reduzieren oder die Motivation des Außendienstpersonals steigern. Die Motivation für diese Art des Fokus ist im weitesten Sinne ein Problem, das sich im Hinterkopf des nach neuen kreativen Ideen suchenden Menschen befindet.

Wir könnten uns beispielsweise mit der Reduzierung der Krankheitskosten, die die Krankenversicherungsträger zahlen müssen, beschäftigen. Davon ausgehend, dass wir fokussiert arbeiten, werden wir dazu eine Reihe von Ideen entwickeln, die dann in einem späteren Schritt auf ihre Nützlichkeit, ihre Durchführbarkeit, ihre Schlagkräftigkeit oder was auch immer an Kriterien notwendig ist, überprüft werden können. Fokussiert arbeiten meint hier, Ideen zu dem Fokus zu entwickeln und nicht zu allem möglichen anderen. Kreativität hat insofern auch immer etwas mit Disziplin zu tun, insbesondere der Disziplin des Fokus und der Methode, wobei Methode die angewandte Kreativitätstechnik bedeutet: Arbeiten wir mit Brainstorming und sammeln alle Ideen, die wir zu dem Fokus entwickeln können, oder nehmen wir uns eine andere Kreativitätstechnik vor? Egal, womit wir arbeiten, es ist wichtig zu wissen, was wir im Augenblick gerade versuchen zu erreichen – der Fokus – und wie wir versuchen, das zu erreichen – die Methode, die angewendet wird.

Einen Zweck-Fokus zu bilden fällt meist leicht; dies ist aber nur ein Teil des kreativen Denkens. Es fällt deswegen so leicht, weil sehr viele Bereiche unseres Denkens auf die Lösungen von Problemen und Schwierigkeiten ausgerichtet sind. Dies scheint insbesondere für das Management zu gelten. Viele meiner Teilnehmer aus diesen Ebenen der Unternehmen schätzen, dass große Teile ihrer Arbeitszeit genau damit verbracht werden. Daher sind sie auch in der Entwicklung von Zweck-Fokussen sehr gut.

Wie sieht es aber mit der Entwicklung von Fokussen aus, bei denen keine Probleme gelöst werden müssen, sondern wo die Chancen und Möglichkeiten im Vordergrund stehen? Hier wird nicht definiert, *warum* wir neue Ideen suchen, sondern *wo* neue Ideen gesucht werden. Dieser Fokus wird Bereichs-Fokus genannt. Ein Beispiel dafür, wie unterschiedlich die beiden Arten von Fokussen sind: Blumentöpfe, besonders die aus braunem Ton, bekommen nach einiger Zeit aufgrund von kalkhaltigem Leitungswasser weiße Spuren, da sich der Kalk im Ton absetzt. Ein Zweck-Fokus, der aufgrund unserer geschulten Wahrnehmung, Probleme zu erkennen und zu benennen, naheliegend ist, könnte lauten: *Welche Ideen können wir entwickeln, um zu verhindern, dass sich der Kalk an den braunen Blumentöpfen aus Ton absetzt?* Dazu können nun Ideen entwickelt werden. Beispielsweise könnte man bei der Produktion der Töpfe eine kalkundurchlässige Schicht einziehen, die den Kalk daran hindert, nach außen zu treten und dort Spuren zu hinterlassen. Oder man könnte die Kunden dazu ermutigen, ihr Wasser vor Benutzung weitestgehend zu entkalken.

Der Bereichs-Fokus, der auf das *Wo* und nicht auf die Probleme schaut, würde lauten: *Blumentöpfe – neue Ideen dazu.* Dieser Fokus lässt einen anderen Suchbereich zu und erlaubt auch, Ideen dazu zu entwickeln, wie vielleicht das Aussehen der Blumentöpfe geändert werden kann, so dass die Kalkflecken gar keine Rolle mehr spielen. Oder sogar hoch erwünscht sind, da damit ein Muster gebildet wird, das schön anzusehen ist. Beispielsweise könnte man den austretenden Kalk nur an bestimmten Stellen austreten lassen, die dann ein vorgeprägtes Muster auf dem Topf erscheinen lassen. Oder die Blumentöpfe verändern ihr Aussehen, sie werden also, sobald der erste Kalk ausgetreten ist, gleichmäßig weiß, so dass es in der Wahrnehmung der Betrachter keine hässlichen Kalkflecken mehr gibt, sondern Blumentöpfe, die ihr Aussehen im Laufe der Zeit automatisch verändern.

Die Fokusse lassen ganz unterschiedliche Arten von Ideen zu. Wenn man mit einem Zweck-Fokus kreativ wird, werden Ideen entwickelt, die das Problem, das wir im Hinterkopf haben, lösen; lösen entweder im Sinne einer Verbesserung, einer Beschleunigung oder einer tatsächlichen Veränderung. Das tun aber auch alle anderen betroffenen Arbeitsgruppen und auch die Mitbewerber. Die wirklich großen Chancen liegen vor allem in Bereichen, über die niemand nachdenkt, weil sie erst einmal kein offensichtliches Problem darstellen und deshalb auch niemandes Aufmerksamkeit erregen. Hierzu Ideen zu entwickeln, kann zu völlig neuen Überlegungen und Ideen führen.

In einem *think tank* einer großen Versicherung, deren Ideensession ich begleitet habe, hatten die Auftraggeber, ohne die eben eingeführte Terminologie zu kennen, den Teilnehmern keine Zweck-Fokusse vorgegeben. Sie sollten zu noch zu definierenden Bereichs-Fokussen neue Ideen entwickeln, was aus den oben verdeutlichten Gründen eine sehr wohlgeratene Entscheidung war: Trennen Sie sich von den Problemen und denken Sie alles einmal neu, ohne Einschränkungen, war die Aufforderung an den *think tank*. Wie schwierig das dann im Endeffekt war, wurde den Teilnehmern klar, als sie anfingen, kreativ zu arbeiten. Viele Fokusse, die sie entwickelten, stellten sich immer sehr schnell als Zweck-Fokus heraus, denn die Teilnehmer hatten die Themen im Hinterkopf als Probleme identifiziert, die ihrer Meinung nach gelöst werden mussten. Man kann einen Zweck-Fokus zu einem Bereichs-Fokus umwandeln wie bei den Blumentöpfen.

Schwieriger ist es jedoch, von Anfang an reine Bereichs-Fokusse zu entwickeln, ohne über den Weg des Zweck-Fokus zu gehen: Die Problematik liegt hier wiederum in der starken Ausrichtung unseres Denkens, besonders im kreativen Denken, auf Problemlösung – vor allem im Management. Ein Problem erregt unsere Aufmerksamkeit und wird daher leicht identifiziert. Eine Chance jedoch, eine kreative Notwendigkeit, wird nur dann wahrgenommen, wenn man sie bewusst wahrnehmen will. Sie ist nicht an sich existierend wie ein Problem, sondern nur dann vorhanden, wenn wir ihr in unserem Denken eine Existenz einräumen. Daher fällt es vielen Menschen schwer, einen Bereichs-Fokus zu bilden.

Es gibt zwei Gründe, warum man dem Bereichs-Fokus bewusst einen Raum geben sollte: Er verengt unser kreatives Denken nicht auf die Lösung eines Problems, so wie das bei dem Zweck-Fokus geschieht. Wenn Sie in einem Unternehmen arbeiten, das nicht konkurrenzlos den Markt bedient (was bei den meisten Unternehmen der Fall ist), wird auch der Konkurrenz das Problem nicht unbekannt sein und Sie müssen hoffen, dass Sie schneller mit der Lösung des Problems sind. Und Ihr Vorteil wird nur ein gradueller und kurzfristiger sein. Definieren Sie jedoch einen Bereichs-Fokus und arbeiten Sie mit diesem, dann lösen Sie sich erstens von der unmittelbaren Lösung des Problems und entdecken vielleicht neue Ideen, die sehr viel besser sind als die ursprüngliche Suche nach Lösungen. Zum zweiten jedoch beschränken Sie Ihr kreatives Denken nicht auf die Suche nach Lösungen für allseitig sichtbare Probleme, sondern Sie suchen nach neuen Ideen zu Bereichen, in denen sonst niemand sucht, weil sie eben keine Probleme darstellen. Dabei können dann Ideen entstehen, die sonst niemand entwickelt hat und die Ihr Unternehmen weit vor andere katapultiert. Chancen zu entdecken, steht hier im Vordergrund, nicht Probleme zu lösen oder Verbesserungen zu erreichen. Man kann auch sagen, der Unterschied zwischen den beiden Arten von Fokus liegt im Unterschied zwischen einer *reaktiven* und einer *proaktiven* Kreativität: Bei dem Zweck-Fokus werden Sie in aller Regel vorhandene Probleme und Schwierigkeiten in den Suchbereich nehmen, um neue kreative Lösungen zu entwickeln, also reagieren; der Bereichs-Fokus jedoch lenkt Ihre Aufmerksamkeit auf Chancen und Bereiche, über die sonst kaum jemand nachdenkt, da dort bisher keine Probleme vorhanden sind; hierbei sind Sie *proaktiv* tätig.

Zu Beginn jedes kreativen Denkens steht also immer die Frage, *wo* oder *warum* sucht man neue Ideen. Ist die Bildung des Fokus abgeschlossen, geht man in einem nächsten Schritt in die Entwicklung von Ideen. Im *lateralen Denken* von *de Bono* stehen dafür verschiedene Techniken zur Verfügung. Zwei davon sollen im Folgenden näher vorgestellt werden, da sie gezielt dazu entwickelt wurden, unsere Hauptbahnen des Denkens mittels lateraler Sprünge zu verlassen und zum Punkt C der gezeigten Wahrnehmungsmuster zu gelangen.

2. Von Zufällen und Provokationen

a) Zufallseinstiegstechnik

Zufälle spielen bei der Entwicklung neuer Ideen und wichtiger Entdeckungen manches Mal die entscheidende Rolle. So haben die post-it-notes des Unternehmens 3M den Weg in die weltweite Büro- und Konsumentenwelt durch einen reinen Zufall gefunden: Ursprünglich sollte der zuständige Chemiker einen Klebstoff entwickeln, der unglaublich stark klebt. Was nach seinen verschiedenen Experimenten mit Polymeren herauskam, war das ganze Gegenteil von dem gewünschten Klebstoff: Die Sache klebte fast gar nicht, der einzige Vorteil war, dass der Klebstoff wiederverwendbar war und sich rückstandsfrei ablösen ließ. Niemand wusste jedoch, was man mit diesem verunglückten Kleber anfangen sollte. Zehn Jahre später erinnerte sich jedoch ein Kollege an diesen nutzlosen Kleber, als er in seinem Kirchenchor saß: Er hatte es sich zur Gewohnheit gemacht, die Kirchenlieder in dem Kirchenbuch mit Papierstreifen zu markieren. Das Problem war nur, dass diese Papierstreifen immer herausfielen, so bald er das Liederbuch in die Hand nahm und aufschlug. Also trug er einige Tropfen dieses vermaledeiten Klebers auf die Papierstreifen, die sich dann bei Bedarf rückstandsfrei und ohne die empfindlich dünnen Seiten des Liederbuches zu beschädigen, ablösen ließen (*Hillmann/Gibbs*, S. 181).

Oder das Eis am Stil: Ein Limonadenverkäufer ließ nach einer Präsentation seines Getränkes ein Glas davon, in dem ein Löffel steckte, auf der Fensterbank stehen. Nachts war es so kalt geworden, dass die Limonade gefroren war. Am nächsten Morgen war das Eis am Stil (in den USA unter dem Markennamen *Popsicle* bekannt) geboren, als er versuchte, den Löffel aus dem Glas zu ziehen (*Hillmann/Gibbs*, S. 58).

Auch die Erfindung des Kugelschreibers ist einem Zufall zu verdanken: Ein älterer Herr, der sein Tagebuch immer mit einem Füller geschrieben hatte, beobachtete eines Tages eine Gruppe von Jungen, die Fußball spielten. Ein Fehlpass ließ den Ball vom Spielfeld durch eine Pfütze auf die trockene Straße rollen – dabei hinterließ der Ball eine Spur auf der Straße. Dies brachte den Herrn, der immer mit Füller geschrieben hatte, zu der naheliegenden Frage, ob man denn die Tinte nicht kontrolliert über einen kleinen Ball auf das Papier bringen könne. Die Entwicklung des Kugelschreibers hingegen brauchte dann noch einige Jahrzehnte mit vielen recht verunglückten Vorläufer-Produkten (vgl. dazu *Mingo*, S. 48 ff.).

Die Entwicklung der Stichsäge soll dem Umstand zu verdanken sein, dass ein Heimwerker, lange bevor es durch die OBI-Baumärkte die flächendeckende Entwicklung des typischen Heimwerkers gab, Pause machen musste. Er quälte sich mit einer normalen Säge ab, um einen Kurvenschnitt in ein Brett zu sägen. In der Pause sah er seiner Ehefrau zu, die an der Nähmaschine Gardinen nähte und betrachtete die senkrecht eingespannte Nadel, wie sie flink auf und ab sauste und auch noch Kurven nähen konnte (berichtet von einem Mitarbeiter der Robert Bosch GmbH, Geschäftsbereich Elektrowerkzeuge).

Der Rasentrimmer hingegen entstand durch Faulheit: George Ballash wohnte in einem großen Haus in den USA und besaß einen parkähnlichen Garten, dessen Pflege ihn sehr viel Zeit kostete. Da seine Nachbarn wenig Wert auf einen gepflegten und unkrautfreien Garten legten, hatte Herr Ballash immer wieder mit Unkraut zu kämpfen, das sich von den Nachbarn her vermehrte. Eines Morgens wachte er auf und dachte sich: Es gibt zwei Herausforderungen am heutigen Tag: die eine, ich muss mich um das Unkraut im Garten kümmern, die zweite, ich muss dringend das Auto waschen. Da der *weed-eater* (so der amerikanische Name, der etwa mit „Unkraut-Fresser" übersetzt werden kann) noch nicht erfunden war, kümmerte er sich also zuerst um seinen schmutzigen Pkw, mit dem er in die Autowaschanlage fuhr. Er sitzt also in seinem Auto und denkt darüber nach, dass ihn als nächste Herausforderung dieses lästige Unkraut erwartet. Dabei schaut er gedankenverloren den Nylonbürsten zu, wie sie sich seinem Fahrzeug nähern, anfangen zu rotieren und den Dreck seines Wagens in Angriff nehmen. Und er, Ballash, denkt sich, warum kann man sich eigentlich nicht der Kraft der Nylonbürsten bedienen, um dieses Unkrautes Herr zu werden. Der *weed-eater* (Rasentrimmer) war erfunden. Er läuft unten mit einer Nylonschnur, die Unkraut und anderes Gewächs im Garten wie eine Sense abschneidet.

Müssen wir nun, um auf neue Ideen zu kommen, uns in Waschanlagen begeben, Pause bei der Ehefrau machen, in Kirchenchören singen oder schlampig etwas im Winter herumstehen lassen? Oder können wir das Prinzip nutzen, das hinter allen diesen zufälligen Entdeckungen steht, um neue Ideen zu bekommen? Das Prinzip ist der Zufallseinstieg, der eine der provokativen Techniken des *lateralen Denkens* ist. Provokativ deswegen, weil wir unser Gehirn dazu bringen, neue Ideen zu entwickeln durch eine Technik, die auf den ersten Blick als Unsinn erscheint, der nicht funktionieren kann.

All diesen erwähnten Erfindungen ist gemeinsam, dass eine neue Idee entwickelt wird, während sich das Denken mit einem Fokus, einem Thema beschäftigt. Von außen tritt plötzlich ein Reiz auf, der gedanklich mit dem Thema verbunden wird, mit dem sich der Denker gerade beschäftigt. Genau diese Methode des zufälligen Reizes macht man sich zunutze für den Zufallseinstieg. Das Battelle-Institut e. V. in Frankfurt am Main hat in den siebziger Jahren einige Kreativitätstechniken entwickelt, darunter die sog. Reizwortanalyse – das Prinzip dieser Technik ist dem Zufallseinstieg ähnlich. Es geht darum, einen neuen Einstieg zu finden, also den Punkt C in Abbildung 3. Nun können wir von der Hauptbahn unseres Denkens aus nicht auf direktem Wege zu Punkt C kommen. Wenn wir jedoch einen anderen Startpunkt einnehmen könnten, der außerhalb unserer normalen Wahrnehmung, also außerhalb von A und B liegt, dann gelingt uns vielleicht der Zugang zu C. Schematisch gesprochen macht der Zufallseinstieg genau das, wie in Abbildung 3 verdeutlicht wird.

Nun kann man den neuen Startpunkt nicht wählen, denn wenn er gewählt wäre, dann würde er ja auf der üblichen Schiene unseres Denkens liegen, also zwischen A und B. Daher muss der Zufallseinstieg zufällig bleiben und kann nicht gewählt werden. Die einfachste Art des Zufallseinstieges ist ein Zufallswort. Zufallswörter können alle Substantive sein, die allgemein Bedeutungen besitzen; sie sollten einfach sein, keine komplizierten Worte wie ISDN-PC-Karte. Allgemeine Worte wie Stuhl, Tisch, Löwe, Telefon, Notar,

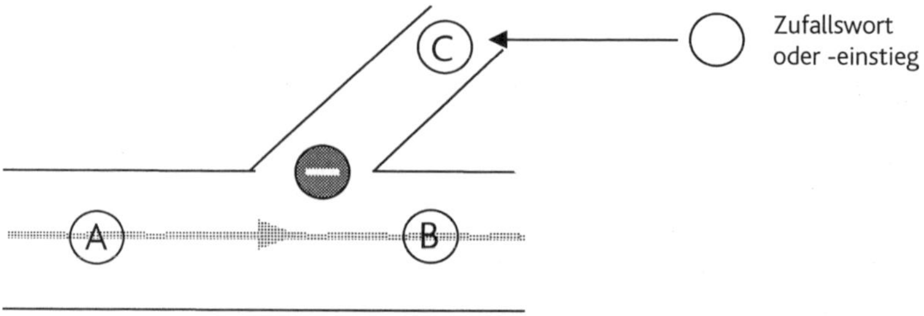

Abb. 3: Zufallseinstieg

Sonnenschirm, Glas etc. erlauben uns, Assoziationen zu bilden. Nehmen Sie den allerersten Aspekt, den Sie mit dem Wort verbinden und arbeiten von diesem aus, indem Sie eine Verbindung zu Ihrem Thema herzustellen versuchen. Schauen Sie, wohin Sie das führt. Häufig entstehen bei dieser Methode sehr konkrete Ideen, manchmal nur neue Richtungen, in denen es sich allerdings lohnt, weiterzuarbeiten.

Sie können sich eine Liste von Zufallswörtern anlegen, beispielsweise 60 Wörter, die Sie nummerieren. Dann denken Sie sich eine Zahl aus oder Sie schauen, an welcher Zahl sich der Sekundenzeiger Ihrer Uhr befindet und nehmen dieses Wort. Oder aber Sie schlagen die Zeitung auf, zeigen mit Ihrem Finger auf eine beliebige Stelle und nehmen das nächste Substantiv. Im Frühjahr des Jahres 2000 wären dann beispielsweise Begriffe wie schwarze Kassen oder Geldkoffer, vielleicht auch die Namen dafür verantwortlicher Politiker wie ehemaliger Bundesinnenminister erschienen. Auch dazu haben Sie sicherlich Assoziationen, von denen Sie sich dann, wie gehabt, die erste nehmen und schauen, wohin Sie die, bezogen auf Ihr Thema, führt. Sie könnten sich auch ein Wörterbuch nehmen oder per Zufallsgenerator vom PC aus ein Wort vorschlagen lassen.

Das Verfahren ist folgendes:

1. Nehmen Sie sich ein Thema vor, zu dem Sie neue Ideen brauchen, entwickeln Sie also einen Fokus (das kann sowohl ein Bereichs- als auch ein Zweck-Fokus sein).
2. Sie bekommen jetzt ein Zufallswort, beispielsweise das Zufallswort Kakerlake.
3. Welche Eigenschaft, welche Assoziation oder welches Merkmal verbinden Sie mit Kakerlake? Beispielsweise: kriecht überall rein. Nehmen Sie die erste Eigenschaft, die Ihnen in den Sinn kommt.
4. Und nun überlegen Sie, was Sie damit in Bezug auf Ihr Thema machen können.
5. Denken Sie mal eine Minute darüber nach und schreiben sich die Ideen auf.
6. Nun nehmen Sie eine weitere Assoziation oder Eigenschaft, die Sie mit Kakerlake verbinden und schreiben sich Ideen dazu auf.

Die Technik ist sehr einfach und verbreitet, beispielsweise bei Werbeagenturen oder auch Schriftstellern. Es heißt, dass *Stephen King*, der Autor der Horror-Romane, mit der Zufallseinstiegstechnik arbeitet, um auf neue Ideen zu kommen. Wichtig ist dabei, dass ein Zufallswort immer zufällig ist und niemals ausgesucht. Würden Sie eines aussuchen, das vermeintlich zu Ihrem Thema passt, wären Sie wahrscheinlich auf der Suche nach einem Wort, das Sie mit einer sowieso bereits existierenden Idee in Ihrem Kopf verbinden könnten. Dies würde allerdings kaum eine neue Idee produzieren. Es ist sogar so, dass Zufallwörter für die Technik am besten funktionieren, je entfernter sie von dem Thema zu sein scheinen. Wenn Sie denken, wie Sie denn dieses Zufallswort mit dem Thema zusammenbringen sollen, dann bekommen Sie meist wirklich neue Ideen.

Die Technik ist dazu gedacht, völlig neue Ideen zu einem Thema zu bekommen. Daher wird sie entweder angewandt bei Themen, über die noch gar keine Ideen vorhanden sind: Sie wollen zu einem Thema, über das Sie noch nicht weiter nachgedacht haben, neue Ideen entwickeln. Hier ein Zufallswort einzubringen, führt Sie immer zu Ideen. Oder aber Sie haben ständig über ein Thema nachgedacht und Ihnen fällt einfach nichts Neues mehr ein. Auch hier wird Ihnen die Zufallsworttechnik schnell und leicht neue Richtungen aufzeigen, manchmal auch sehr konkrete Ideen.

Die leichteste Form des Zufallseinstiegs ist die bisher beschriebene Zufallsworttechnik. Tatsächlich jedoch heißt die Technik Zufallseinstieg, weil es um einen zufälligen Einstieg geht. Den kann man in der leichtesten Form mittels eines Zufallswortes organisieren; es ist aber auch möglich, in die Waschanlage zu gehen, einen Museumsbesuch zu unternehmen, in einen Beutel mit verschiedenen Gegenständen zu greifen etc. Wichtig ist grundsätzlich, dass man sich bewusst ist, zu welchem Thema man neue Ideen sucht. Sonst bleibt der Prozess ungezielt, was Kreativität nicht sein sollte.

Mit einem Teilnehmer in einem meiner Seminare führten wir die folgende Diskussion über den Zufallseinstieg: Wir hatten die Zufallsworttechnik an zwei Themen geübt und die entwickelten Ideen wurden immer zahlreicher und spannender. Er zeigte sich ganz begeistert von der Technik. Plötzlich jedoch packte ihn der Zweifel und er platzte heraus: „Aber wie kann denn eine Idee gut sein, wenn sie rein zufällig entstanden ist? Ich kann doch nicht zu meinen Chefs gehen und, wenn die mich fragen, wie ich auf die Idee gekommen bin, sagen: in dem ich einfach ein Zufallswort auf das Thema angewandt habe. Und dann kam mir die Idee.“

Was hier angesprochen wird – und das wurde uns, den Teilnehmern und mir, dem Seminarleiter – erst durch die folgende Diskussion deutlich, sind zwei Schwierigkeiten mit Kreativität: Die eine bezieht sich auf die Umsetzung neuer Ideen im Unternehmen, die zweite auf die spezifische Funktionsweise des Zufallseinstiegs. Die Unsicherheit des Teilnehmers bezogen auf die Schwierigkeit, bei seinen Führungskräften mit einer neuen Idee aufzukreuzen, verweist nur ein weiteres Mal auf die generelle Problematik, was mit neuen Ideen innerbetrieblich geschehen kann und soll. In dieser spezifischen Abteilung waren neue Ideen sowieso nicht so gern gesehen und daher packte den Teilnehmer eher das Grausen, eine Idee vorzustellen, deren Herkunft nicht eindeutig geklärt werden konnte (bzw. nur scheinbar unlogisch erlangt wurde – daher die Einordnung des Zufallseinstiegs als eine provokative Technik). Das minderte in seinen Augen die Wahrscheinlichkeit, überhaupt angehört, geschweige denn, ernst genommen zu werden (siehe dazu auch das Kapitel VII).

Die zweite Problematik ist das eigene Erstaunen, mit einer scheinbar völlig unlogischen Technik auf Ideen zu kommen, die man vorher einfach nicht hatte und von denen man auch nicht glaubte, sie jemals entwickeln zu können; daher auch der Schmunzeleffekt, von dem bereits die Rede war.

Die Technik des Zufallseinstiegs ist, genau genommen, gar nicht unlogisch oder geheimnisumwittert. Ihre Funktionsweise erschließt sich in einem selbstorganisierenden musterbildenden System wie der menschlichen Wahrnehmung folgendermaßen: Neue Ideen, die wir vorher nicht hatten, liegen auf dem Punkt C; in dem Augenblick, in dem wir sie entwickelt haben, wird uns plötzlich bewusst, dass es diesen Nebenweg zu Punkt C geben kann, den wir aus der Hauptbahn unseres Denkens auf direktem Wege nicht erreichen können (vgl. Abb. 2). Von solchen Mustern der Wahrnehmung haben wir sehr viele im Kopf. Der Zufallseinstieg bringt uns an einen neuen Startpunkt, beispielsweise über das Zufallswort. Dieser neue Startpunkt lässt uns die Muster aus einer anderen Richtung her betreten und natürlich sind die Muster von der Peripherie her anders aufgebaut als vom Zentrum. Daher können wir über den neuen Startpunkt, beispielsweise durch das Zufallswort, den Punkt C, wenn es eine neue Idee ist, oder die Punkte C, wenn wir mehrere Ideen haben, treffen. Im Nachhinein ist der Nebenweg dann klar, nur kommen wir eben nicht direkt auf ihn von unseren ausgetretenen Denkpfaden her.

b) Provokationstechniken

Die Provokations- und mentalen Bewegungstechniken gehören ebenfalls zur Gruppe der provokativen Techniken. Obwohl sie auf den ersten Blick kompliziert aussehen, sind sie mit etwas Übung genauso wie der Zufallseinstieg dazu geeignet, völlig neue Ideen zu erzeugen.

Anstelle eines zufälligen neuen Startpunktes, den uns der Zufallseinstieg beschert hat, gehen wir bei den Provokationstechniken bewusst mittels einer Provokation aus der Hauptbahn unseres Denkens. Dies ist als erster Schritt sehr wichtig, denn nur gute, provokative oder energiereiche Provokationen zwingen uns in einem zweiten Schritt dann, weiter zu gehen, um zu neuen Ideen zu gelangen. Abbildung 4 (s. S. 28) verdeutlicht das schrittweise Vorgehen.

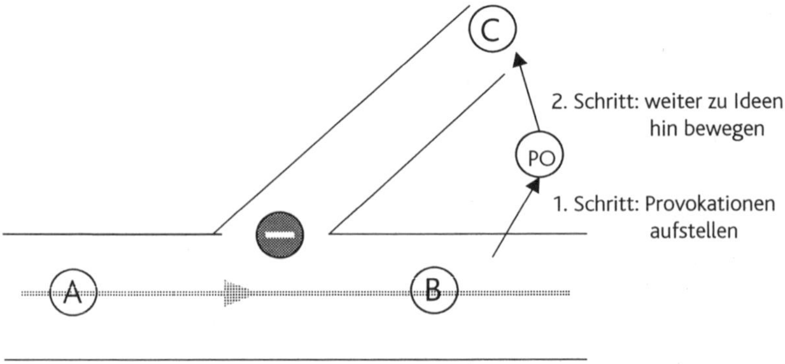

Abb. 4: Provokationen als Mittel zum Zweck

1. Schritt: Provokationen aufstellen

Was sind Provokationen? Provokationen sind Aussagen, die aufgrund unseres normalen Denkens keinen Wert haben, keinen Sinn ergeben. Sie werden eingeleitet mit einem Hilfswort, dem Wörtchen *PO*, das für *Provokative Operation* steht.

PO, Polizisten haben sechs Augen.
PO, Man stirbt, bevor man stirbt.
PO, Bei Dissertationen sollte man als Autor keine Ahnung über das Thema haben.

Das Wörtchen *PO* ist ein Signalwort, um sich selbst, aber auch anderen, falls man in einer Gruppe arbeitet, zu signalisieren, dass man sich auf der Ebene von Provokationen befindet. Auf dieser gedanklichen Ebene geht es nicht darum zu bewerten, ob eine Provokation Sinn macht. Mit *PO* soll angezeigt werden, dass wir uns außerhalb unseres normalen Denkens befinden und daher keinerlei Bewertungen der Provokation zu unternehmen brauchen.

Provokationen werden als erster Schritt aufgestellt, um uns aus unserer normalen Denkweise zu katapultieren. Sie sind eine Kreativitäts-Technik, die uns in einem zweiten Schritt dann helfen soll, neue Ideen zu entwickeln. Sie sind ein Hilfsmittel und daher außerhalb einer Bewertung nach „richtig" oder „logisch" oder „sinnvoll" oder anderen Kriterien. Das einzige Kriterium für eine „gute" Provokation ist der Grad der „Gewagtheit": Je gewagter eine Provokation ist, d. h. je weiter sie sich außerhalb unseres „normalen" Denkens befindet, desto besser wird sie sich eignen, zu dem gesetzten Fokus neue Ideen zu entwickeln.

Zu Provokationen kommt man am leichtesten, in dem man sich, bezogen auf den Fokus, für den man neue Ideen sucht, eine Liste von Selbstverständlichkeiten aufschreibt. Nehmen wir an, wir würden für den Bereichs-Fokus „Dissertation" neue Ideen suchen. Eine Liste unseres herkömmlichen Denkens könnte lauten:

- Dissertationsthemen müssen klar sein.
- Eine Dissertation muss den Stand des Wissens darstellen und darüber hinaus etwas Neues damit machen.
- Der Autor muss ausgewiesene Fachkenntnisse zum Thema besitzen.

usw.

Es gibt verschiedene mechanische Arten, aus dieser Liste der Selbstverständlichkeiten Provokationen zu erstellen, beispielsweise die sog. Flucht-Provokationen. Bei ihnen verneinen wir die Selbstverständlichkeit, wir sagen als Provokation, dass das als selbstverständlich Angenommene nun nicht mehr gilt. Beispielsweise kann man als Provokation zu dem Fokus Dissertation sagen:

- PO, Dissertationsthemen müssen unklar, verworren sein.
- PO, Die Dissertation stellt am besten überhaupt nicht den Stand des Wissens dar und bringt auch nichts Neues.
- PO, Bei Dissertationen ist es das Beste für den Autor, wenn er keine Ahnung von dem Dissertationsthema hat.

Eine zweite Art von Provokationen sind die sog. Umkehr-Provokationen, bei denen die Handlungsrichtung umgedreht, also das Objekt zum Subjekt wird. Als Selbstverständlichkeit bezogen auf das Thema Dissertation nehmen wir beispielsweise an, dass sich der Autor ein Thema sucht. Oder wir nehmen an, der Autor schreibt die Dissertation. Daraus können wir, in dem wir die Handlungsrichtung umdrehen, interessante Provokationen aufstellen:

- PO, Das Thema sucht sich den Autor.
- PO, Die Dissertation schreibt den Autor.

Während diese beiden Arten von Provokationen mit dem Vorhandenen arbeiten und es entweder verneinen und weglassen wie die Flucht-Provokationen, oder die Handlungsrichtungen umkehren wie die Umkehr-Provokationen, gibt es noch die sog. Wunschdenken-Provokationen, bei denen mit Phantasiewünschen bezogen auf den Fokus gearbeitet wird:

- PO, Wäre es nicht schön, wenn sich die Dissertation selbst schreiben würde?
- PO, Wäre es nicht schön, wenn mir alle Informationen, die ich für die Dissertation lesen müsste, bereits vorlägen und systematisiert wären?

Neben diesen drei Typen von Provokationen gibt es noch weitere wie beispielsweise die Übertreibungsprovokationen, z. B. die oben genannte: PO, Polizisten haben sechs Augen. Wichtig bei Provokationen ist, dass sie einen „provokativen" Wert für den Denkenden besitzen, ihn also aus der normalen Denkweise herauskatapultieren. Deshalb lohnt es sich immer, einige Zeit mit der Bildung von Provokationen zu verbringen, bis man wirklich gute, d. h. gewagte Provokationen bezogen auf den eigenen Fokus gebildet hat.

Bisher wurden Provokationen bezogen auf einen Bereichs-Fokus gebildet, wobei das Beispiel *Dissertationen* genommen wurde. Man kann aber auch für die Suche nach neuen Ideen bezogen auf einen Zweck-Fokus mit der Provokationstechnik arbeiten. Beispielsweise könnten wir Ideen zu dem Zweck-Fokus suchen: Wie kann der Autoverkehr in den Innenstädten reduziert werden? Wiederum beginnen wir damit, Selbstverständlichkeiten aufzuschreiben, wie wir das normalerweise erreichen würden: Wir reduzieren den Straßenverkehr in Innenstädten, indem wir

- den Zugang beschränken;
- Prämien geben für Leute, die den öffentlichen Nahverkehr benutzen;
- Parkplätze rar machen;
- die Nutzung von Kraftfahrzeugen in den Innenstädten beschwerlich machen.

Daraus können in der gleichen Art und Weise Provokationen aufgestellt werden, beispielsweise:

- PO, Wir reduzieren den Straßenverkehr in Innenstädten durch Steigerung der Erreichbarkeit der Innenstädte, beispielsweise riesige Zufahrtswege und -schneisen zur Innenstadt bauen.
- PO, Wir reduzieren den innerstädtischen Straßenverkehr, indem Leute, die öffentliche Verkehrsmittel nutzen, zusätzliche Abgaben für den individuellen Pkw-Verkehr zahlen müssen.

Hierdurch entstehen sehr gewagte Provokationen, die uns weit aus unserer normalen Denkweise hinauskatapultieren.

2. Schritt: Von der Provokation zu neuen Ideen: Bewegungstechniken

Manchmal stellen Provokationen selbst bereits neue Ideen dar; meist wird man jedoch in einem zweiten Schritt mit ihnen weiter arbeiten müssen, um zu neuen Ideen zu gelangen. Gute Provokationen machen per Definition keinen „Sinn" im normalen Denken, d. h. Kategorien wie Bewertung nach Sinn oder Durchführbarkeit oder Ähnlichem sind „sinnlos". Statt dessen steht die Frage im Vordergrund, wohin uns die Provokation führt, welche neue Ideen wir damit entwickeln können.

Es gibt verschiedene Bewegungstechniken, von denen ich drei genauer schildern möchte: Eine wird *„plötzliche Eingebungstechnik"* genannt und arbeitet mit der Provokation, indem man sich die Frage stellt, welche Ideen sich aus der Provokation direkt entwickeln lassen.

Nehmen wir die Provokation zu Anfang dieses Kapitels, *PO, Polizisten haben sechs Augen*. Der Fokus, zu dem neue Ideen entwickelt werden sollen, ein Zweck-Fokus, lautet: Möglichkeiten, um die Kriminalität in Städten zu reduzieren. Die Selbstverständlichkeit, die wir uns gedacht haben, lautete: Polizisten haben zwei Augen, um damit zu schauen. Die Übertreibungsprovokation daraus wurde dann *PO, Polizisten haben sechs Augen*. Man könnte sich vorstellen, Polizisten immer zu Dritt Streife gehen zu lassen, so dass sie einschüchternder wirken. Oder man setzt einem Polizisten einen Helm auf, der ihm durch Kameras im Helm einspiegelt, was an seinen Seiten und hinter ihm geschieht. Oder aber man nutzt andere Augen als Polizistenaugen, beispielsweise die der Nachbarn. Dies ist schließlich in angloamerikanischen Ländern mit der neighbourhood-watch auch geschehen (*de Bono*,1996, S. 164).

Zur Provokation *PO, Man stirbt, bevor man stirbt*: Der Bereichs-Fokus für diese Provokation lautet: neue Versicherungsprodukte. *Ron Barbaro*, damals Chef des kanadischen Ablegers des Versicherungskonzerns *Prudential Insurance Company*, hat mit dieser Provokation ein Lebensversicherungsprodukt entwickelt, dass einen guten Erfolg hatte (*de Bono* 1996, S. 165): die sog. Dread-disease-Versicherung. Normalerweise bekommt man bei einer Risikolebensversicherung den Versicherungsbetrag erst nach dem eigenen Ableben ausbezahlt, wovon man selbst aber kaum noch einen Nutzen hat. Die Dread-disease-Versicherung arbeitet nach dem Prinzip, bei Nachweis einer wahrscheinlich zum Tode führenden Krankheit, wie beispielsweise HIV-positiv oder Krebs, einen Teil der Versicherungssumme noch zu Lebzeiten auszubezahlen, einen weiteren Teil erst nach dem Tod. So hat man als Versicherter noch etwas von seinen Versicherungsprämien zu Lebzeiten.

Eine weitere Bewegungstechnik trägt den Namen „*Von Augenblick zu Augenblick*" und fordert dazu auf, die Provokation gedanklich in die Tat umzusetzen, um zu sehen, was geschieht. Nach dem Gesehenen und Erlebten wird in einem nächsten Schritt überlegt, was man an neuen Ideen zu dem Fokus entwickeln kann. *PO, Bei Dissertationen sollte man als Autor keine Ahnung über das Thema haben.* Diese Provokation wurde für den Bereichs-Fokus: „Themen für eine Dissertation" entwickelt und besitzt in der akademischen Welt durchaus provokativen Wert. Würde die Provokation in die Tat umgesetzt, dann hätte das Dissertationsthema keinen Erkenntniswert für den Autor, es stände also nicht im Mittelpunkt. Nun muss eine Dissertation allerdings einen Erkenntniswert besitzen. Man könnte also der Frage nachgehen, wie denn eigentlich Erkenntnisse für Dissertationen erlangt werden. Der Autor selbst hat keine Ahnung von dem Thema, er verschafft sich aber Wissen darüber, wie Erkenntnisse erlangt werden. Man könnte also beispielsweise in einem Vergleich der Frage nachgehen, wie unterschiedlich die Erkenntnisprozesse zwischen einer von einer Internet-community und einer Einzelperson geschriebenen Dissertation gelagert sind. Und das über ein Thema, von dem man selbst keine Ahnung hat, auch nicht zu haben braucht. Das Procedere könnte dann folgendermaßen aussehen: Man bittet einen im stillen Kämmerlein schreibenden Promovenden, ihn über die Zeit der Dissertation begleiten zu dürfen. Parallel dazu lässt man im Internet eine entsprechende Chat-group das Thema bearbeiten im Hinblick darauf, welche Informationen sie für das Thema zusammenbekommt. Der Vergleich könnte interessante Rückschlüsse auf Nutzen und Wert vom Internet bezogen auf wissenschaftliche Fakten und Daten liefern. Diese Idee ist innerhalb von wenigen Minuten entwickelt worden; eine ganze Reihe weiterer folgten in dem damaligen kleinen Face-to-face-Kreativitätsworkshop, den ich mit einer Person veranstaltete, die immer promovieren wollte, mittlerweile auch erfolgreich promoviert hat, Professorin geworden ist und vor dieser Ideensession über zwei Jahre lang mit der Suche nach einem Dissertationsthema verbracht hat.

Eine dritte Bewegungstechnik ist die Technik mit dem Namen: *Positive Aspekte*. Hierbei geht es darum, die positiven Aspekte einer Provokation in den Mittelpunkt zu stellen und mit ihnen weiterzuarbeiten in Richtung auf neue Ideen zum Fokus. *PO, Wir reduzieren den Straßenverkehr in Innenstädten dadurch, dass die Innenstädte besser erreicht werden können, beispielsweise in dem riesige Zufahrtswege und -schneisen zur Innenstadt gebaut werden.* Da die Planungen für diese Zufahrtsschneisen durch die Planfeststellungsverfahren öffentlich bekannt würden, wäre ein positiver Aspekt die Öffentlichkeit. Aus ihnen ginge hervor, durch welche außenliegenden Wohngebiete diese Straßen zwangsläufig gebaut werden müssten. Es wäre auch bekannt, wieviele Kraftfahrzeuge die Hochleistungsstraßen in der Stunde verkraften könnten. Diese könnte man hochrechnen auf einen normalen Tag und wüsste dann, wie viele Kraftfahrzeuge die Stadt erreichen könnten. Der nächste Schritt wäre lediglich, die Planer damit zu beauftragen, wie die Innenstadt umgebaut werden müsste, um diese Menge der Kraftfahrzeuge auch dort unterzubringen. Logischerweise müssten dann einige Flächen in der Innenstadt zu Parkflächen werden. Die Frage wäre dann lediglich, warum noch jemand in die Stadt fahren sollte, wenn die Stadt nur noch aus vielen Parkflächen bestehen sollte. Außerdem würden mehrere

Wohngebiete durch Hochleistungstrassen zerschnitten. Wahrscheinlich wäre das in einer Stadt, in der die Menschen sich durch Planauslegungen über Straßenprojekte informieren können, eine Möglichkeit zu dokumentieren, wie die Stadt aussähe, würde man all den gewünschten Verkehrsprojekten Raum verschaffen. Man könnte also, um den Straßenverkehr zu reduzieren, eine Art Generalplan aller wünschenswerten Straßenprojekte auf einen gewissen Zeitraum, sagen wir 20 Jahre, auslegen und dann fragen, ob die Bürger in einer solchen Stadt leben wollen.

Wichtig ist bei Provokationen, dass diese lediglich Hilfsmittel sind, um neue Ideen zu entwickeln. Es geht nicht darum, sie zu bewerten, sondern zu schauen, wohin einen die Provokationen führen können in Bezug auf neue Ideen zu dem jeweilig gesetzten Fokus. Gerade bei Provokationen ist die Disziplin des Fokus sehr wichtig, d.h.: *Wo* oder *warum* suche ich neue Ideen? Gerät der Fokus aus dem Blickfeld, besteht die Gefahr, neue Ideen zu entwickeln, die mit dem gesetzten Fokus gar nichts zu tun haben.

V. Die Schwierigkeiten mit dem Neuen

1. Von bewussten und unbewussten Ideenkillern – die Bedenkenträger

In jedem Kommunikationsseminar ist von ihnen ausführlich die Rede, von den Killerphrasen:

- Das haben wir noch nie so gemacht.
- Das könnte funktionieren, nur bei uns nicht.
- Das werden die nie genehmigen.
- Ist viel zu teuer.
- Ist viel zu umständlich.

etc. etc.

Es ist leicht nachvollziehbar, wie störend solche Killerphrasen sind, und wie sie in einem Kreativitätsworkshop zu wahren Ideenkillern werden können. Man denkt über neue Wege, über Alternativen nach, findet einen neuen Weg und wird sofort, nachdem er auch nur ausgesprochen ist, mit den Gefahren und Problemen konfrontiert. Daher lautet eine immer wieder eingeforderte Regel beim kreativen Nachdenken: Ideen nicht zu bewerten. Im *Brainstorming* wurde sie schon vor langen Jahren aufgestellt. Nur ist die Forderung, Ideen nicht zu bewerten, nicht so einfach umzusetzen. Vielleicht gelingt dies noch in der kreativen Phase, aber auch hier muss man sich schon am Riemen reißen und in Disziplin üben, vor allem, wenn manchen Teilnehmern die „Pferde zu sehr durchgehen“ und einzelne Vorschläge vollständig außerhalb der Realität zu liegen scheinen. Die Aufforderung, nicht zu bewerten, reicht nicht aus, wenn wir nicht wissen, was anstelle der Bewertung zu tun ist.

So berichtete eine Führungskraft, die mich zu der Moderation eines Kreativitätsworkshops seines *think tanks* einlud, von den Schwierigkeiten, die die Gruppe in vorausgegangenen Sitzungen mit der Disziplin erlebt hatte: Sie hatten sich zwar, getreu der Regel aus dem *Brainstorming*, vorgenommen, neue Ideen, während sie entstehen, nicht zu bewerten. Dies klappte zwar nach außen hin ganz gut, innerlich, im eigenen Kopf jedoch, fiel es den meisten bereits im Prozess des Entstehens der Ideen schwer, sich von den Bewertungen frei zu machen.

So ist es zwar möglich, wenigstens die Killerphrasen aus einem Kreativitätsworkshop herauszuhalten und damit den Teilnehmern die Entwicklung neuer Ideen formal zu ermöglichen. Viel schwerer schlagen jedoch die inneren Blockaden zu. Zwar wird an diesen auch durchaus in Kreativitätsworkshops gearbeitet, nur beschränkt sich diese Arbeit meist auf die Aufforderung, mal alles denken zu dürfen. Die inneren Blockaden werden damit aber nicht aufgehoben. Womit hängen sie zusammen und was lässt sich gegen sie tun? Zum einen sind die Blockaden aus einer eigenen inneren und persönlichen, zum anderen aus einer organisatorischen und unternehmensspezifischen Sicht zu betrachten, wobei Letzteres in Kapitel VII näher beleuchtet wird.

Bezogen auf unsere eigenen inneren Befindlichkeiten sperren wir uns eher gegen Veränderungen, als dass wir sie fröhlich begrüßen, da sie uns zumindest einmal Arbeit machen. Sollen wir aus bekannten Routinen ausbrechen und etwas anders als bisher tun, dann folgen wir dieser Aufforderung in der Regel ohne weitere Widerstände nur, wenn die bisherigen Wege nicht weiter gangbar sind, wir also unser Ziel auf ihnen nicht mehr erreichen werden. Ist jedoch der Weg immer noch gangbar und liegt kein unmittelbarer Zwang vor, neue Schritte zu unternehmen, begrüßen wir im Allgemeinen Alternativen und andere neue Wege nicht gerade freudig. Dabei liegen hier ungeahnte Chancen im Sinne des proaktiven und nicht nur reaktiven Denkens.

Nicht nur die Arbeit, die es mit sich bringt, neue Wege auszuprobieren und zu gehen, hält uns davon ab, sondern auch die Unsicherheit, die mit ihnen zwangsweise verbunden ist. Routinen, die sich als einigermaßen bewährt herausgestellt haben, geben Handlungssicherheit. Wenn man ihnen folgt, weiß man, was geschehen wird. Bei neuen, unerprobten Ideen hingegen weiß man dies nicht. Und nur wenige Menschen setzen sich gerne und wiederholt Unsicherheiten aus.

Die Abwehr von Unsicherheit setzt sehr früh ein: Nicht nur sperrt man sich gegen die Umsetzung einer neuen Idee, man blockt sie unter Umständen bereits im Entstehungsstadium ab. Manche neue Idee erblickt so gar nicht das Licht der Welt, weil sie bereits im Gehirn in der Entstehungsphase als „undenkbar“ abgetan wird. Mit diesem Denkverhalten befinden wir uns auf der sicheren Seite, weil ja nichts gedacht wird, was überhaupt eine Änderung, und damit Unsicherheiten, nach sich ziehen könnte.

Die Gründe dafür sind zum einen die Unsicherheiten, die mit neuen Ideen verbunden sind, zum anderen aber auch die Funktionsweise unseres Gehirns, das auf die Bearbeitung von Standardsituationen ausgelegt ist und auf diese sehr viel sicherer reagiert als auf die unvorhergesehenen. Auch die Ausbildung, die das Gehirn trainiert hat, spielt dabei offensichtlich eine Rolle. In Seminaren erlebe ich immer wieder, wie sich manche „Berufe“ leichter mit der Entwicklung neuer Ideen tun als andere. Ingenieure, besonders die aus der Entwicklung, Marketing-Fachleute, aber auch Betriebswirtschaftler, gehen sehr viel leichter mit neuen Ideen um als beispielsweise

Juristen. Je besser jene ausgebildet sind (und je besser sie ihre Ausbildung verinnerlicht haben), desto professioneller scheinen sie alle potentiellen Gefahren und Risiken zu erkennen, wofür sie in ihrem Beruf ja auch bezahlt werden. Dies führt dazu, dass ihnen in Kreativitätsübungen meist nichts einfällt, während sie andererseits darüber staunen, mit welcher Chuzpe die anderen einfach mal ein paar neue Ideen formulieren. Es scheint geradezu so zu sein, dass jede neue Idee im Gehirn sofort im Keim erstickt wird, weil die potentiellen Gefahren und Risiken die rote Ampel leuchten lassen.

Neben den bewussten Ideenkillern gibt es also auch noch die unbewussten, unausgesprochenen, die lediglich im eigenen Kopf wirken und dort manche, vielleicht durchaus gute Idee gar nicht entstehen lassen. Diese unbewussten Ideenkiller sind sehr viel schwieriger auszumerzen als die Killerphrasen, die in jeder ungeübten Kreativitätsgruppe anfänglich um sich greifen. Es gibt allerdings ein System, das uns hilft, unser Denken besser auf das Neue vorzubereiten. Es heißt: *Die sechs Hüte des Denkens* und wird im nächsten Kapitel genauer erläutert. Davor sollen jedoch noch die Probleme innerbetrieblicher Kommunikation angesprochen werden, da die *sechs Hüte* auch hierfür einen eleganten Lösungsvorschlag anbieten.

2. Kommunikation in Gruppen: Die Meetingitis

Seit Unternehmen nicht mehr in der traditionellen Form der taylorisierten Arbeit mit einigen Managern „oben“, die denken und lenken, und vielen Arbeitern „unten“, die ausführen, geleitet werden, haben Besprechungen zugenommen. Die Gründe für die Zunahme von Besprechungen sind vielfältig und leicht nachzuvollziehen:

- Es gibt keine „graue Eminenz“ mehr an der Spitze des Unternehmens oder der Abteilung, die ihre Entscheidungen allein trifft und für die Umsetzung sorgt.
- Unternehmen sind so vernetzt (Komplexität heißt das modische Stichwort), dass niemand mehr alleine alles überblicken kann.
- Entscheidungen brauchen den Sachverstand möglichst Vieler, daher müssen Besprechungen und Sitzungen abgehalten werden.
- Um die Umsetzungen von Entscheidungen sicherzustellen, gehört es mittlerweile zum allgemein geteilten Wissen, dass diejenigen, die später für die Umsetzung verantwortlich sind, möglichst auch im Vorfeld an der Entscheidung beteiligt werden sollten.
- Teilautonome Arbeitsgruppen und Qualitätszirkel, besonders auf der Produktionsebene, haben Einzug gehalten – auch hier finden vermehrt Besprechungen statt.

Trotz dieser zwingenden Gründe für die häufige Abhaltung von Besprechungen scheint ihre Effizienz damit nicht automatisch gehoben worden zu sein; daher rückt die Frage nach guten und strukturierten Besprechungen stärker in den Vordergrund. Seit ich es mir seit etwa drei Jahren zur Regel gemacht habe, die Teilnehmer an meinen *de Bono*-Seminaren, speziell den *sechs Hüten des Denkens*, zu ihren Erfahrungen mit Besprechungen und Meetings zu befragen, höre ich die immer wieder gleichen Beschreibungen und Charakteristika von Besprechungen:

- Sie sind Zeitfresser – manchmal fragt man sich, wieso wir für das, was wir besprochen haben, eigentlich so viel Zeit gebraucht haben.
- Wenn „Hierarchen" an einer Sitzung teilnehmen, verändert sich die „Sitzungskultur" erheblich. Dies kann entweder dazu führen, dass nur noch in einer Richtung diskutiert wird, die die sowieso bereits vom Hierarchen getroffene Entscheidung bestätigt. Oder aber es bilden sich Pole anhand der Kontroversen zweier Hochstehender, die an der Sitzung teilnehmen und ihre Meinungsunterschiede in der Sitzung weiter austragen.
- Sitzungsteilnehmer sind manchmal nicht vorbereitet oder aber man diskutiert über Themen, über die nicht genügend Informationen vorliegen.
- Positionen werden vertreten, von denen erstens selten Abstand genommen wird (denn man würde dann ja sein „Gesicht" verlieren), die aber zweitens – und das ist ein Zeitfresser besonderer Art – immer wieder zu allen neuen Gesichtspunkten, die von anderen eingebracht werden, wiederholt werden. Bei rhetorisch brillanteren Mitstreitern geschieht dies über die Hintertür, bei weniger brillanten hört man die gleichen Argumente und Standpunkte immer wieder.
- Man hört nicht zu, dreht sich im Kreis, wiederholt immer mal wieder bereits Gesagtes und kommt nicht voran.
- Schaukämpfe finden statt, nach dem Motto: Wer ist der Schönste im ganzen Land?
- Manchmal geschieht es in Meetings, dass man sich auf einem ganz anderen Gleis befindet und plötzlich das Thema, dessentwegen man zusammengekommen ist, gar keine Rolle mehr spielt. Andere Themen, die gar nicht geplant waren, sind in den Vordergrund gerückt. Schlimmstenfalls sitzen dann Teilnehmer in der Sitzung, die mit diesen Themen gar nichts zu tun haben.
- Als positives Merkmal wird aber auch vermerkt, dass es manchmal ganz befriedigende Sitzungen gibt. Diese sind durch eine straffe Moderation gekennzeichnet, allerdings durch einen Moderator, der Macht und Einfluss hat und Teilnehmer auf die zu besprechenden Themen zurückführt. Die Moderatoren selber sagen dazu, dass diese Arbeit ziemlich anstrengend sei, denn die Teilnehmer lassen es immer wieder an Diskussionsdis-

ziplin mangeln. Diese Einschätzung kann ich aus vielen von mir moderierten Workshops nur bestätigen.
- Die Sitzungshäufigkeit und -länge nimmt epidemische Zustände an, so dass man von einer „Meetingitis“ sprechen kann.

Wenn ich die Teilnehmer nach dieser Sammlung, die eigentlich von den Kernaussagen her in jedem Unternehmen vorkommt, in dem / für das ich gearbeitet habe, frage, ob sie sich in Diskussionen manchmal fragen, was denn hier eigentlich passiert, dann sehe ich Lächeln und bestätigendes Kopfnicken. Man ist entweder von dem sich im Kreise drehen gelangweilt oder man verliert den Faden und weiß gar nicht mehr, worum es eigentlich geht.

Klassischerweise kann der folgende Dialog in einer Sitzung, in der ein innerbetriebliches Problem gelöst werden soll, stattfinden:

Ein Vorschlag wird gemacht. Herr A., seit langen Jahren im Unternehmen und ein alter Hase, erwidert: „Nee, das funktioniert nicht. Das haben wir schon vor fünf Jahren mal versucht, so wird das nichts.“ Herr B., bekannt dafür, den Sachen auf den Grund gehen zu wollen: „Also wir sollten uns diesen Vorschlag schon genauer ansehen und mal nach Vorteilen suchen.“ Herr C.: „Ich weiß nicht, mir gefällt die Sache nicht so richtig, weiß nicht genau, warum.“ Frau Z., bekannt für ihre Liebe nach Logik und Fakten: „Mit solchen Gefühlen kann man hier kaum argumentieren. Ich stimme Herrn B. zu und möchte gerne mal nach den positiven Aspekten suchen und nach Gründen, warum uns der Vorschlag helfen könnte.“ Frau D., Leiterin dieser Sitzung: „Bevor wir weiterdiskutieren können, bräuchte ich persönlich noch ein paar Fakten, z. B. welche Vorlaufkosten würden entstehen?“ Herr E. schließlich: „Also ich würde lieber Folgendes vorschlagen: Wenn Herr A. sagt, dass hätten wir schon einmal versucht und es wäre gescheitert, dann sollten wir diesen Vorschlag nicht weiter verfolgen. Statt dessen könnten wir …“

So schleppt sich die Sitzung dahin, einige Leute steigen aus, weil sie nicht mehr wissen, was im Augenblick gerade diskutiert wird, andere, die es auch nicht so genau wissen, reden einfach weiter und am Ende fragt man sich, im schlimmsten Fall, was man eigentlich die ganze Zeit gemacht hat, obwohl auf dem eigenen Schreibtisch im Büro mehr als genügend Arbeit wartet.

Wie könnte man diesen „Fallen“ entgehen, außer immer einen Moderator mit den entsprechenden Macht- und Strukturierungsbefugnissen dabeizuhaben?

VI. Paralleles Denken als Ausweg

Viele Bereiche unseres Denkens, das unser Diskussionsverhalten steuert, basieren auf dem kontroversen und Positionsdenken. A sagt etwas und B sagt etwas dagegen. A gibt ein weiteres Argument für seine Sichtweise, B bringt wiederum ein Argument hervor, um seine Sichtweise zu verdeutlichen. Dies ist in Abbildung 5 verdeutlicht:

Abb. 5: Kontroverses Denken

Dieses Denken ist uns vertraut und basiert auf den griechischen Philosophen, hauptsächlich *Aristoteles*, *Sokrates* und *Platon*. Es ist also gewissermaßen die Grundlage unseres – westlichen – Denkverhaltens. Das kritische, kontroverse Denken, das wir auch heutzutage ausgiebig nutzen, war dazu gedacht, aus der Kontroverse A gegen B die beste und am meisten abgesicherte Erkenntnis herauszufinden. In der damaligen Zeit ging es um die Suche nach der Wahrheit und nach den besten Argumenten dafür. Für diese Zwecke ist es ausgezeichnet geeignet und schärft, nebenbei, auch noch die Argumentationsfähigkeit. Die Pro- und Kontra-Diskussionen, die bereits in der Schule ausgiebig geübt werden, basieren ebenfalls auf diesem System. Diskussionen waren in der damaligen Zeit aber auch dazu gedacht, den Diskussionsgegner von der „Richtigkeit“ der eigenen und der „Falschheit“ seiner Ansichten zu überzeugen, daher mussten Argumente ausgetauscht werden.

Nur ist dieses Denken wenig geeignet, einen Weg nach vorne zu entwerfen. Es verführt geradezu zum Einnehmen von Positionen und lässt Diskussionen schnell unfruchtbar werden.

Paralleles Denken heißt, ein Thema gemeinsam parallel unter verschiedenen Blickrichtungen zu betrachten.

Eine Möglichkeit des parallelen Denkens ist das System der *sechs Hüte des Denkens* von *Edward de Bono*, das mittlerweile sehr verbreitet ist.

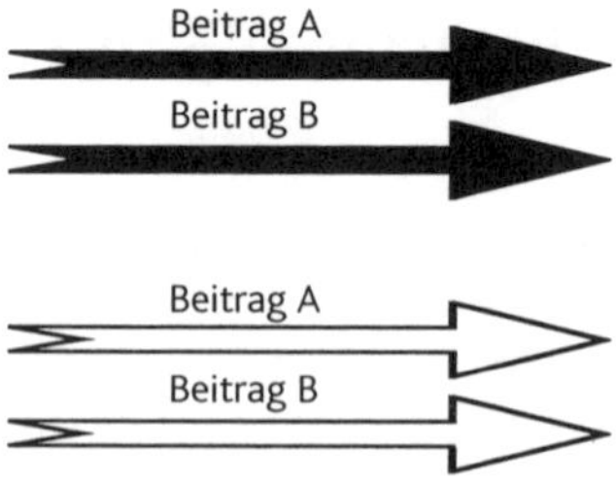

Abb. 6: Paralleles Denken

1. Die sechs Hüte des Denkens mit dem Ziel der Verbesserung von Besprechungen und der Strukturierung von Denkvorgängen

In jeder Gruppendiskussion fließt eine Vielzahl unterschiedlicher Informationen, wie das obige Beispiel zeigt: Jemand macht einen Vorschlag oder bringt eine neue Idee. Diese wird von einem Bedenkenträger gleich abgelehnt, während ein weiterer Redner gern einmal die positiven Aspekte untersuchen möchte. Er kommt aber nicht dazu, da eine andere Person ihr gefühlsmäßiges Missbehagen über den Vorschlag äußert. Jemand anderes hingegen möchte weitere Informationen bekommen oder bringt sie in die Diskussion ein. Und so weiter und so fort. So beinhalten alle Diskussionen verschiedene Denkrichtungen, die häufig durcheinander fließen und deshalb zu einer Informationsüberflutung führen. Die *sechs Hüte des Denkens* geben hier einen Strukturierungsrahmen vor, der jeder Art eines Diskussionsbeitrages seinen Stellenwert gibt. Es wird dadurch ermöglicht, jede Sache von allen gemeinsam aus den unterschiedlichen Blickwinkeln her zu betrachten.

Der Begriff „Hut" ist in der englischen Sprache, der Muttersprache *de Bonos*, eng verknüpft mit Denken, z. B. würde man *to put one's thinking cap on* mit *scharf nachdenken* übersetzen. Das symbolische Aufsetzen oder Tragen eines Hutes in einer Diskussion steht für eine bestimmte Denkrichtung, die man einnimmt und unter der man ein Thema betrachtet. Im deutschen Sprachgebrauch stehen *Hüte* eher für Rollen, die man einnimmt, beispielsweise der Kardinalshut oder die Narrenkappe, wobei deren Träger im Mittelalter eine sehr wichtige soziale Rolle einnahm (er war der einzige, der die Sorgen des Volkes dem Fürsten nahe bringen konnte und sollte). Man kann daher auch sagen, dass der Hut, den man gerade trägt, die jeweilige Rolle symbolisiert, die der betreffende Hut darstellt.

Die *sechs Hüte* sollen im folgenden kurz skizziert werden:

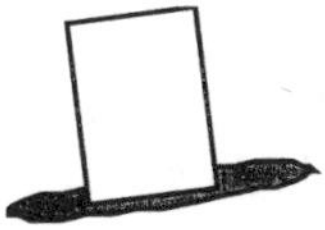

Der weiße Hut

Der weiße Hut steht für Information, Zahlen, Daten und Fakten: Welche Informationen sind bekannt? Welche sind notwendig und noch nicht bekannt? Wie können diese gewünschten Informationen beschafft werden? Wobei Informationen hier die gesamte Bandbreite von Gerüchten, also das, was einem zugetragen wurde, bis hin zu den sog. wohlinformierten Kreisen bedeutet. Daher ist es auch eine Aufgabe des weißen Hutes, die Quelle der Information zu nennen.

Der rote Hut

Er steht für Emotionen und Intuitionen. Sowohl im Denken als auch bei Diskussionen spielen sie eine Rolle. Nur häufig werden sie, besonders in geschäftlichen Diskussionen, verbrämt als Daten und Fakten. Der rote Hut gibt die Möglichkeit, den Gefühlen den notwendigen Raum einzuräumen, ohne sie hinter vorgeschobenen Fakten verstecken zu müssen. Daher ist es wichtig, dass die Aussagen unter dem roten Hut nicht gerechtfertigt werden. Es geht um das eigene Gefühl zu einer Sache. Auch Entscheidungen werden manchmal unter dem roten Hut getroffen oder müssen sogar unter ihm getroffen werden, da wir keine Fakten zu dem Thema besitzen und uns auf unsere Intuition, die ja auf langen Jahren der Erfahrung beruhen kann, verlassen müssen.

Der schwarze Hut

Schwarz steht für die schwarze Robe eines Richters. Richter sind angehalten zu überprüfen, ob wir etwas Ungesetzliches getan haben. Insofern steht der schwarze Hut für Gefahren, Schwierigkeiten und Probleme. Der schwarze Hut ist, im Gegensatz zum roten Hut, ein logischer Hut; Sie müssen begründen können, warum etwas eine Gefahr, eine Schwierigkeit oder ein Problem darstellt. Unter dem schwarzen Hut wird überprüft, ob eine Idee oder ein Vorgehen mit den Strategien des Unternehmens, mit Gesetzen und Vorschriften in Einklang steht. Im Allgemeinen ist uns die Denkweise unter dem schwarzen Hut sehr vertraut, weil wir darauf trainiert sind, auf

Probleme und Gefahren zu achten. Das Problem ist nicht das Denken unter dem schwarzen Hut, sondern dass man ihn manchmal zu häufig oder an den falschen Stellen aufsetzt. Es wäre aber falsch, deswegen mit ihm nur halbherzig nachzudenken: Wenn er aufgesetzt wird, muss über alle Schwierigkeiten und Probleme eines Themas, eines Vorschlages nachgedacht werden.

Der gelbe Hut

Als das Pendant zum schwarzen Hut beschäftigt sich der gelbe Hut mit den positiven Aspekten einer Idee, einem Vorgehen, einer Strategie oder einer Situation. Unter dem gelben Hut wird nach Vorteilen, Nutzen und Werten gesucht. Auch unter ihm muss begründet werden. Dieser Hut ist vielleicht der schwierigste und ungewohnteste der *sechs Hüte*, weil man sich bemühen muss, nach den positiven Aspekten zu suchen und sie zu begründen.

Der grüne Hut

Grün steht für Wachstum und natürliche Energie. Der grüne Hut ist der Hut der Kreativität: Unter ihm werden neue Ideen entwickelt, nach neuen Wegen gesucht, ein Vorhaben auszuführen, Alternativen gesucht und neue innovative Vorschläge erarbeitet. Manchmal klagen Menschen, dass sie in völlig unkreativen Organisationen arbeiten und dort überhaupt kein Platz für neue kreative Ideen vorhanden ist. Der grüne Hut gibt die Möglichkeit, einen Raum zu schaffen, in dem bewusst nach neuen Wegen gesucht wird. Damit kann ein Mikroklima für Kreativität geschaffen werden, auch in solchen Organisationen, in denen das bisher nicht möglich erschien. Man kann von niemandem *verlangen*, umwerfende neue Ideen zu entwickeln; wohl kann man aber eine solche *Bemühung* einfordern. Dazu dient der grüne Hut. Er dient auch der Fehlerkorrektur nach dem schwarzen Hut. Es wird der Frage nachgegangen, wie man die Probleme und Schwierigkeiten, die der schwarze Hut aufgezeigt hat, in den Griff bekommen kann. Der grüne Hut bedarf keinerlei Begründungen oder logischer Grundlage. Unter ihm darf alles an neuen Möglichkeiten gedacht werden. Vieles von dem, was wir heute an technischen Entwicklungen und neuen Produkten besitzen, war zu der Zeit, als es entwickelt wurde, unlogisch oder undurchführbar. Denken Sie nur an Handys, an PCs, die heute über Speicher- und Rechnerkapazitäten verfügen, die noch vor zehn Jahren als undenkbar galten, etc. Klassische Denkblockaden aus neuester Zeit sind beispielsweise: „Es gibt überhaupt keinen Grund, warum irgendjemand einen Computer bei sich zu Hause haben will" (*Ken Olson*, Gründer und Präsident der Großrechnerfirma Digital Equipment, 1977). Oder *Bill Gates*, gerade *Bill Gates*, denken Sie nur an die Rechner- und Speicherkapazitäten der Microsoft-Produkte, meinte noch 1981, dass 640 Kilobyte für jeden ausreichend sein sollten (zu finden unter: http://freunde.imperium.de/gansel/irrtum.htm).

Die Kreativitätstechniken des lateralen Denkens sind Werkzeuge des grünen Hutes. So wie sie alle dafür gedacht sind, individuell mit ihnen zu arbeiten, d. h. ohne Gruppe, so sollte auch beim grünen Hut immer zuerst für einige Zeit individuell gedacht werden. Das Phänomen des *Groupthink*, das eine Konvergenz des Denkens beinhaltet, wird damit vermieden. Nach der individuellen Suche nach neuen Ideen und anderen Wegen werden die Ergebnisse dann in der Gruppe ausgetauscht und gemeinsam nach weiteren neuen Ideen gesucht.

Der blaue Hut

Blau als kalte, klare Farbe und die Farbe des Himmels symbolisiert den emotionslosen Überblick. Der blaue Hut ist der Dirigent, der sich mit der Prozesssteuerung und dem Denken an sich beschäftigt. Unter ihm werden Tagesordnungen entwickelt, der gewünschte Output einer Sitzung festgelegt und über das Denken selbst reflektiert (die Metaebene). Er dient schließlich dazu, Entscheidungen einzufordern und weitere Schritte festzulegen, wer was wann tun und was weiter geschehen soll. Er fordert auch die Disziplin des Fokus und des parallelen Denkens unter den Hüten ein.

Die *sechs Hüte* stehen also für verschiedene Denkrichtungen, die zu einem Thema eingenommen werden können und unter denen ein Thema untersucht wird.

2. Keine Kategorisierung des Denkens, sondern proaktiv unter einem Hut denken

Es ist wichtig zu verstehen, dass die Hüte nicht zur reaktiven Einordnung von dem, was gedacht oder gesagt wurde, verwendet werden. Dies funktioniert auch nicht. Nehmen wir das folgende Beispiel: Herr Wiener sagt, die Triebwerke sind laut. Wenn die Gruppenteilnehmer überhaupt keinen Anhaltspunkt hätten, worauf Herr Wiener seine Äußerungen bezieht, dann könnte man meinen, die Aussage wäre ein weißer Hut, sprich, hier werden von Herrn Wiener Informationen weitergegeben. Es könnte aber auch ein schwarzer Hut sein, wenn er meint, die lauten Triebwerke seien eine Gefahr oder ein Problem (beispielsweise beim Lärmschutz für die Anwohner eines Flughafens). Desgleichen könnte die Äußerung aber auch ein gelber Hut sein, wenn Herr Wiener beispielsweise darauf antwortet, welche Triebwerke man für Flugzeuge nutzen sollte, damit diese gut gehört werden können (beispielsweise an Flughäfen, die häufig von Vogelschwärmen heimgesucht werden). Daher muss eine Äußerung auch nicht unter einem Hut subsummiert werden können, sondern der Sprecher entscheidet proaktiv bei der Nutzung der *sechs Hüte*, unter welchem Hut er etwas gesagt hat. Dies führt übrigens als interessanter und hilfreicher Nebenaspekt dazu, dass so manche Äußerung, die vorher missverständlich war, nun allen Zuhörern klar wird.

3. Einsatz der sechs Hüte

Die Hüte können singulär als einzelner Hut in eine Diskussion zu einem beliebigen Zeitpunkt eingebracht werden, sie können aber auch in Sequenzen, also einer ganzen Reihenfolge von verschiedenen aufeinander folgenden Hüten für die Diskussion eines Themas genutzt werden.

a) Einzelner Einsatz

Jeder der *sechs Hüte* kann isoliert in einer Sitzung zu einem beliebigen Zeitpunkt eingebracht werden. Der einzelne Einsatz eines Hutes kann beispielsweise folgendermaßen geschehen: Wenn der sehr sinnvolle, jedoch häufig eher übertrieben eingesetzte schwarze Hut in einer Diskussion überwiegt, also Gefahren und Hindernisse aufgezählt werden, dann kann darauf gut geantwortet werden: „Sehr gut, guter schwarzer Hut, lassen Sie uns noch über alle weiteren Hindernisse und Gefahren diskutieren und sie auflisten." Ist dies geschehen, kann der Diskussionsleiter – diese Rolle kann jeder Teilnehmer übernehmen – fortfahren: „Gut, nachdem wir jetzt sämtliche Probleme, Gefahren und Hindernisse aufgezählt haben, lassen Sie uns den grünen Hut aufsetzen und gemeinsam über Möglichkeiten nachdenken, wie wir die Probleme in den Griff bekommen können. Da wir beim grünen Hut sind, denken Sie bitte erst einmal individuell über Alternativen nach, bevor wir dann gemeinsam weiter unter dem grünen Hut nachdenken." Hier wird ein zentraler Vorteil der Methode der *sechs Hüte* sichtbar: Alle diskutieren *gemeinsam* über einen Aspekt und jeder wird aufgefordert, unter diesem Aspekt etwas beizutragen. Das parallele Denken kommt zum Tragen, indem die Teilnehmer nicht mit- und sogar manchmal gegeneinander argumentieren, sondern sie suchen hier zusammen nach den Alternativen und anderen Möglichkeiten (unter dem grünen Hut). Die Erfahrung zeigt, dass selbst der anfänglich dem Vorschlag gegenüber skeptische Träger des schwarzen Hutes nun in die Diskussion einsteigt und gemeinsam mit den anderen nach anderen Möglichkeiten und der Korrektur von Fehlern sucht.

b) Einsatz der sechs Hüte in einer Sequenz

Es gibt als weitere Anwendung die Möglichkeit, Sitzungen im Ganzen oder bestimmte Tagesordnungspunkte unter einer *Sequenz* der *sechs Hüte* ablaufen zu lassen. Hierbei wird entweder vom Diskussionsleiter im voraus oder von ihm zusammen mit den Teilnehmern zu Beginn der Sitzung eine Hutreihenfolge zusammengestellt, unter der diese Sitzung ablaufen soll. Hierbei steht am Anfang meist der blaue Hut – die Diskussion und die Verabschiedung der Hutreihenfolge ist reiner blauer Hut –, der dann gefolgt wird von anderen Hüten, je nachdem, was das Problem oder das Ziel der Sitzung sein soll. Es gibt unterschiedliche Reihenfolgen, die möglich und sinnvoll sind und je nach Themenstellung und Teilnehmerstimmung angewandt werden können. Nehmen wir an, ein sehr emotionsgeladenes Thema wie in Krisengesprächen steht zur Besprechung an. Eine mögliche Hutreihenfolge könnte beispielsweise sein: rot, blau, grün, gelb, schwarz, grün, weiß, blau. Der rote Hut zu Beginn gibt den Teilnehmern die Möglichkeit, über ihre Emotionen zu sprechen – er trägt so gewissermaßen zur Spannungsentladung bei. Mit dem nun folgenden blauen Hut wird festgelegt, über welches Thema gesprochen wird, in welcher Form das Thema behandelt wird (feste Hutreihenfolge oder nur einige Hüte oder gar ein Zwischenstopp, um über eine weitere Hutreihenfolge zu beraten) und was am Ende der Diskussion herauskommen soll. Unter dem grünen Hut suchen die Teilnehmer nach neuen Ideen, Alternativen etc., um ihr vorher festgelegtes Ziel zu erreichen. Der gelbe Hut gibt dann allen Teilnehmern die Möglichkeit, Nutzen und positive Aspekte dieser neu gefundenen Ideen zu diskutieren. Der schwarze Hut lässt uns nach Schwächen der neuen Ideen fragen, der darauffolgende grüne Hut nach einer Fehlerkorrektur der eben gefundenen Schwächen suchen. Der weiße Hut kurz vor Abschluss gibt die Möglichkeit, weitere notwendige Informationen einzufordern. Am Schluss steht schließlich der blaue Hut, um Entscheidungen festzulegen oder einen neuen Termin zu vereinbaren; vielleicht sollen ja auch weitere Arbeitsgruppen gebildet werden oder einzelne Personen sich unter bestimmten Hüten weitere Gedanken zu den Vorschlägen machen. All dies kann zum Abschluss unter dem blauen Hut festgelegt werden.

Solche langen Hutreihenfolgen sind zwar möglich, sind jedoch eher die Ausnahme. Am besten plant man etwa drei bis vier Hüte im Voraus und überlegt dann, welche weiteren Hüte in der Folge aufgesetzt werden sollten. Der Charme der Methode liegt genau in der Flexibilität: Die Aspekte, die zu einem Thema gedacht werden müssen, können über die Hüte eingefordert und dann von allen gemeinsam beleuchtet werden.

Eine besondere Rolle nimmt der blaue Hut ein. Er ist der Dirigent, der das Denken unter den Hüten organisiert und für einen reibungslosen Ablauf sorgt. Das heißt aber auch, dass jeder Teilnehmer den blauen Hut bewusst zu irgendeiner Zeit aufsetzen kann, falls er/sie etwas über den abgelaufenen Denkprozess (die Metaebene) oder die folgende Diskussion sagen möchte. Dies stellt sicher, dass man sich nicht verzettelt bzw., wenn man sich verzettelt hat und auf Nebengleise geraten ist, dies über den blauen Hut recht schnell thematisieren und korrigieren kann. Daher stellen Gruppen, die mit den *sechs Hüten* arbeiten, eine vermehrte Nutzung des blauen Hutes fest, da man immer mal wieder vom ursprünglichen Thema abkommt. Man könnte auch in längeren Sequenzen den blauen Hut bewusst in der Hälfte der Sitzungszeit einbauen, um Revue passieren zu lassen, ob man sich auf dem richtigen Weg befindet und ob man so, wie ursprünglich geplant, weiterarbeiten soll.

Wenn in aller Regel so gut wie alle Sequenzen unter bestimmten Bedingungen (Teilnehmer, Thema) Sinn machen, so sollte eine Hutfolge auf jeden Fall vermieden werden: Kreativitätsgruppen kennen die Erfahrungen, die bereits oben beschrieben wurden, wenn man in einer Kreativitätsphase ist und jemand sagt einem, warum etwas nicht geht. Meist hat man dann große Schwierigkeiten, weitere Ideen zu entwickeln. Es sollte also auf den grünen Hut niemals direkt der schwarze folgen. Zum einen haben durchaus erfolgversprechende Ideen kaum eine Überlebenschance, wenn man sich nicht erst mit ihren positiven Aspekten, den Werten und dem potentiellen Nutzen beschäftigt hat (dem gelben Hut, der als Regel immer erst einmal auf den grünen Hut folgen sollte), sondern gleich nach Problemen, Schwierigkeiten und Gefahren sucht. Der zweite Grund, warum auf eine neue Idee, die unter dem grünen Hut geboren wurde, immer zuerst mit dem gelben Hut nachgedacht werden sollte, ist folgender: Finden wir für eine neue Idee keinen Wert oder Nutzen, dann brauchen wir mit dem schwarzen Hut gar nicht mehr nach Problemen, Gefahren und Schwierigkeiten zu fragen. Welche neue Idee würde man denn umsetzen, wenn man keinen Nutzen und Wert in ihr erkennen kann?

c) Einsatz von Moderatoren

Die Moderatorenrolle ist ein Bestandteil des blauen Hutes. Während in klassischen Diskussionen zur Verbesserung der Diskussionsdisziplin häufig ein Moderator hinzugezogen werden muss, kann bei Sitzungen unter den *sechs Hüten* jeder diese Rolle, auch innerhalb einer Sitzung abwechselnd, übernehmen. Das setzt allerdings voraus, dass die Teilnehmer erstens die *sechs Hüte* kennen und zweitens sich an die Methodik zu halten gewillt sind. Gut funktionierende Gruppen können durchaus mit wechselnden Moderatorenrollen arbeiten, wobei die Moderatoren auch mitdiskutieren können. Die Hüte grenzen die Beiträge so klar und gut voneinander ab, dass die Gefahr des Abweichens vom Thema gering ist und ein Moderator wesentlich weniger belastet ist als in einer normalen, „hutlosen" Diskussion.

Manchmal gibt es jedoch Themen, die einen gruppenexternen Moderator erfordern, da die diskutierten Themen entweder sehr komplex oder sehr konfliktträchtig sind. Ein Moderator, der weder etwas mit der Gruppe noch mit dem Thema zu tun hat, kann für solche Diskussionsthemen durchaus eine Hilfe für die Gruppe sein und ihnen die Arbeit mit den *sechs Hüten* erleichtern.

d) Situationen für die Anwendung

Die *sechs Hüte* können in verschiedenen Situationen angewendet werden:

- beim individuellen Denken
- bei Paargesprächen
- in Gruppendiskussionen
- bei schriftlichen Dokumenten

Beim *individuellen Denken* schaffen die *sechs Hüte* Klarheit und Struktur, besonders bei komplexeren Themen. Unternehmen Sie einmal einen Versuch und folgen Sie den Empfehlungen: Nehmen Sie ein Blatt Papier, um Ihre Gedanken gleich kurz stichwortartig zu notieren. Dann brauchen Sie ein Thema, das genaugenommen alles sein kann: ein Problem, eine Idee, ein Vorschlag, etwas Privates oder auch Berufliches. Denken Sie Ihr Thema jetzt einmal mit der folgenden Sequenz von Hüten durch, wobei Sie bitte darauf achten, nur bei dem jeweiligen Hut zu bleiben, also alles zu dem einen Hut zu sammeln und nicht zwischen den Hüten hin- und her zu springen und dann hinterher einzuordnen. Die konzentrierte Suche unter einem Hut nach möglichst allen Aspekten, die Sie zu Ihrem Thema finden können, ist hier gefragt. Nehmen Sie die Sequenz: gelb, schwarz, grün, weiß, rot und blau. (Die Beschreibungen der Hüte finden Sie auf Seite 41–43). Beziehen Sie bitte jeden Hut immer auf Ihr Thema, das Sie fokussiert haben. Setzen Sie sich auch immer eine Zeitgrenze pro Hut von zwei Minuten, beim roten Hut verkürzen Sie die Zeit auf 45 Sekunden.

Bei *Paargesprächen* verrennt man sich häufig in bestimmte Aspekte, reitet auf einigen Punkten herum und betrachtet anderes gar nicht. Hier sind die *sechs Hüte* sehr gut geeignet, Balance ins Denken zu bringen, aus bestimmten Denkfallen herauszukommen und auch einmal andere Aspekte des Themas zu beleuchten.

Die häufigste Anwendung findet in der Regel in *Gruppendiskussionen* statt, zumindest in Unternehmen, da dort ja auch die meisten „Zeitverschwender" lauern bzw. die Unzufriedenheit mit den Gegebenheiten am größten ist und Abhilfe dringend Not tut.

Auch für die Ausarbeitung *schriftlicher Dokumente* können die *sechs Hüte* genutzt werden. Ich hatte einmal das Vergnügen, eine Ausarbeitung zu der komplexen Fragestellung zu lesen, ob ein deutsches Unternehmen ein US-amerikanisches kaufen sollte. Der Autor hatte das Thema mit den *sechs Hüten* durchdacht und seine Punkte zu jedem Hut aufgeschrieben. Für mich als Leser waren auf wenigen Seiten unglaublich viele Punkte sehr klar und strukturiert aufgearbeitet, so dass auch den unter dem blauen als letztem Hut folgenden Empfehlungen, was zu tun sei, gut und ausreichend begründet gefolgt werden konnte.

4. Die Kraft des parallelen Denkens – Anwendungen und Erfolge

In meinen *Sechs-Hüte*-Seminaren beginne ich immer mit einer Gruppendiskussion, die die Teilnehmer in der Form führen sollen, wie sie solche Diskussionen in der Regel im eigenen Unternehmen führen. Thema war beispielsweise im Jahr 1998: „Folgender Vorschlag wird unterbreitet: Der Präsident der Vereinigten Staaten von Amerika soll zurücktreten. Begründung: Er stellt eine Belastung für das Ansehen der Vereinigten Staaten aufgrund seiner moralisch-sittlichen Verfehlungen dar. Er kann sogar im schlimmsten Fall eine Gefahr für den Weltfrieden darstellen. Diskutieren Sie den Vorschlag und kommen Sie zu einer Empfehlung."

Oder das Thema des Jahres 1999, das ich besonders gern von Gruppen bearbeiten lasse, die in einem international tätigen Unternehmen arbeiten: „Aufgrund der interkulturellen Herausforderung nach der Fusion zu DaimlerChrysler liegt folgender Vorschlag auf dem Tisch: Alle Führungskräfte der Ebenen E2 und E3 (das sind die Ebenen direkt unter dem Vorstand) gehen für zwei Jahre in die USA – ihre US-amerikanischen Pendants kommen hierher. Diskutieren Sie den Vorschlag und kommen Sie zu einer Empfehlung."

Eines dieser Themen wird zu Beginn des Seminars, also vor der Vorstellung der *sechs Hüte*, jeweils von Kleingruppen à 4–6 Personen 10 Minuten lang diskutiert. Manche Gruppen wählen sich sofort einen Moderator, der auf die Zeit- und Diskussionsdisziplin achtet, andere nehmen sich Moderationskarten zur Hand, wieder andere protokollieren auf dem Flipchart mit oder diskutieren einfach nur so das Thema. Nach diesen 10 Minuten werden alle Gruppenteilnehmer gebeten, aus der Diskussion – symbolisch gemeint – herauszutreten und sich, jeder für sich allein, aus der individuellen Erfahrung Gedanken darüber zu machen, wie die Diskussion gerade gelaufen ist. Sie sollen über den Prozess der Diskussion reflektieren und sich einige Notizen dazu machen. Folgende Fragen dienen als Leitfragen:

- Was Sie selbst sagten
- Was Sie selbst taten
- Den Prozess, den Sie nutzten
- Die Diskussionspunkte, die Sie einbringen konnten; andere, die Sie vielleicht einbringen wollten, aber nicht konnten

Nachdem die Teilnehmer in der folgenden Sequenz des Seminars die *sechs Hüte des Denkens* gelernt haben, wird die Diskussion in den gleichen Gruppen wiederholt. Auch für diese Diskussion stehen 10 Minuten zur Verfügung; gearbeitet wird jetzt mit einer Reihenfolge von Hüten. Jeder Hut kommt einmal vor und pro Hut wird 90 Sekunden diskutiert. Der grüne Hut, der Kreativitätshut, bekommt eine Minute extra zum individuellen Nachdenken, bevor die 90 Sekunden zum Austausch der Alternativen und neuen Ideen genutzt werden. Die Zeit für den roten Hut ist etwas kürzer, da die eigenen Gefühle und Intuitionen zu dem Thema nicht gerechtfertigt werden sollen. Auch nach dieser Diskussion sollen sich die Teilnehmer zuerst aus ihrer individuellen Sicht einige Punkte über den Diskussionsverlauf aufschreiben. Dann werden die Gruppen gebeten, den Diskussionsprozess zu diskutieren und die Unterschiede zwischen den beiden Diskussionen zusammenzutragen. Die Punkte, die jeder aus der individuellen Reflexion erarbeitet hat, fließen mit ein. Typische Unterschiede zwischen den beiden Diskussionen lauten in der Regel folgendermaßen:

1. Diskussion	2. Diskussion
Nur einige wenige Punkte diskutiert – eigentlich nur die Pros und Kontras	Viel mehr Punkte gefunden, nicht nur gelben und schwarzen Hut
Manche sagten viel, manche wenig bis gar nichts	Gleichmäßigere Beteiligung aller Teilnehmer
Viel roter Hut = Wir hatten alle von Beginn an eine Meinung, über die wir dann weiter diskutiert haben	Unterschiedliche Aspekte betrachtet, z. B. fiel uns erst hier auf, dass noch eine Menge Informationen fehlen (= weißer Hut)

Kaum über Alternativen nachgedacht	Viel mehr grüner Hut und eine Menge an Alternativen zu dem ursprünglichen Vorschlag ausgearbeitet
Ergebnis gleicht dem in der zweiten Diskussion Erreichten	Hier wissen wir aber, warum wir zu der Empfehlung gekommen sind
Kein Konsens, was das Ergebnis angeht	Alle Beteiligten tragen das Ergebnis mit
	Gegenseitige „Befruchtung": ein Kommentar zu einem Hut bringt noch sehr viel mehr Kommentare zu dem Hut mit sich
Viele Emotionen in der Diskussion	Emotionen bekamen ihren Platz unter dem rotem Hut, die anderen Diskussionspunkte wurden unemotional und sachlich behandelt
Zuhören fällt schwer	Das Zuhören und Aufnehmen der Beiträge anderer fällt viel leichter

Insgesamt gesehen empfinden die Gruppen einen hohen qualitativen Unterschied zwischen den beiden Diskussionen, wobei die zweite Diskussion sehr viel fruchtbarer und zielführender, vor allem aber auch vom Ergebnis her umfangreicher war. Ein Teilnehmer fragte einmal, ob die zweite Diskussion nicht sehr viel länger gewesen sei als die erste. Ich hatte sehr genau auf die gleichen 10 Minuten Diskussionszeit geachtet und fragte zurück, warum er diese Frage stelle. Seine Antwort lautete, dass er aufgrund der Vielzahl der gefundenen Punkte das Gefühl gehabt habe, die zweite Diskussion sei erheblich länger gewesen. Interessant ist auch der Punkt der sehr viel gleichmäßigeren Beteiligung aller: Häufig kann man in normalen Diskussionen feststellen, dass manche Teilnehmer aus der Diskussion zwischenzeitlich „aussteigen", nicht mehr wissen, was augenblicklich gerade diskutiert wird und sich daher auch nicht beteiligen. Der mitunter wertvolle Sachverstand dieser Menschen fällt damit unter den Tisch – und das ist sicherlich etwas, das eine effiziente Arbeitsgruppe vermeiden möchte.

Warum hat dieses an sich sehr einfache System der *sechs Hüte* solch eine fundamentale Änderung des Diskussions- aber auch Denkverhaltens zur Folge? Und warum haben wir das nicht schon immer so gemacht? Die zweite Frage ist einfach zu beantworten: Wir haben es nicht anders gelernt. Unser gegenwärtiges, seit der antiken griechischen Philosophie im Gebrauch befindliches Diskussionsverhalten beruht auf dem kontroversen Denken, das einem Argument A ein Argument B entgegensetzt. Diskussionen dienten zur Überzeugung des Streitgegners. Damit kann vielleicht die „Wahrheit" herausgefunden werden, ein Thema wird aber nur schwerlich tiefergehend exploriert und von verschiedenen Seiten beleuchtet. Genau dies ist aber notwendig, wenn Themen gut durchdacht werden sollen, um eine vernünftige und möglichst viele Aspekte umfassende Entscheidung zu finden.

Was den Teilnehmern an den *sechs Hüten* sofort auffällt und als positiv bewertet wird, ist die hohe Disziplin und gute Strukturierung einer Diskussion. Dies ist aber lediglich *ein* vorteilhafter Aspekt der *sechs Hüte*. Andere, das Denk- und Diskussionsverhalten ziemlich grundsätzlich verändernde Aspekte werden im Laufe des mindestens eintägigen Seminars deutlich, und zwar anhand von weiteren Übungen, die zu sowohl innerbetrieblichen als auch allgemeinen Übungsthemen durchgeführt werden.

- *Sehr viel höhere Kreativität*

Wenn eines der Probleme von Kreativitätsgruppen die innere Blockade von Teilnehmern vor der Chuzpe der eigenen neuen Idee ist, so wirken die *sechs Hüte* dagegen geradezu befreiend: Ideen, die sonst gar nicht gedacht würden, weil man, ohne weitere Prüfung der Idee, sofort den schwarzen Hut im Kopf hat, bekommen durch das System der *sechs Hüte* eine Chance, überhaupt erst einmal gedacht und dann ausgesprochen zu werden. Interessanterweise merke ich in Seminaren immer wieder, dass die Teilnehmer, die die *sechs Hüte* kennen und anzuwenden gelernt haben, wesentlich leichter mit den Techniken des *lateralen Denkens* umgehen und viel freier neue Ideen entwickeln können als diejenigen, die die *Hüte* nicht kennen. Dies liegt offensichtlich daran, dass man weiß und darauf vertrauen kann, dass die anderen Hüte noch kommen, wie beispielsweise der schwarze, der nach Schwierigkeiten und Gefahren schaut. Dies scheint den Kopf frei zu machen und Sicherheit zu geben im Denken von neuen alternativen Ideen.

Unter dem Stichwort „TIP – Tolle Ideen produzieren" hat die Systemzentrale des Franchise-Unternehmens OBI die *sechs Hüte* ins unternehmensinterne Intranet-System eingestellt. Sowohl Vorschläge innerhalb der Systemzentrale als auch von den Märkten, die die Systemzentrale betreffen, werden auf einem sog. „TIP-Schein" eingereicht mit der Überschrift: „Tolle Ideen produzieren – Alles gut durchdacht". Die Hüte, die angewendet werden, sind der weiße Hut, also Beschreibung der Ist-Situation, dann folgt mit dem grünen Hut der Vorschlag, die Idee der Mitarbeiterin oder des Mitarbeiters, gefolgt vom gelben Hut, der die Vorteile und Stärken der Idee auflistet. Der schwarze Hut im Anschluss beschäftigt sich mit Problemen der Umsetzung bzw. welche Gefahren und Schwierigkeiten bei der Idee aufkommen können und zum Abschluss folgt der blaue Hut, der danach fragt, welche nächsten Schritte konkret für die Idee unternommen werden sollen. Diese Informationen werden im Intranet an die zuständige Führungskraft weitergeleitet, die über das weitere Vorgehen (sprich: blauer Hut) entscheidet und diese Entscheidung an den Einreicher zurückmelden muss. 1997 im Spätsommer wurden alle Mitarbeiter der Systemzentrale in einer Schulung mit den *sechs Hüten* vertraut gemacht. *Utho Creusen*, zuständiges Vorstandsmitglied für Personal- und Organisationsentwicklung bei OBI beschreibt die Ergebnisse folgendermaßen: „Die Resonanz der Mitarbeiter war positiv. Vorteile dieses TIP-Schein-Aufbaus sind zum einen, dass die Mitarbeiter bereits mit der Denkweise der *sechs Hüte* vertraut sind und mit der Handhabung des Vorschlagswesens keine formalen Verständnisschwierigkeiten haben, zum anderen erlaubt diese Methode, schneller neue Ideen in einer bedeutend höheren Qualität zu entwickeln beziehungsweise zu bewerten“ (Blick durch die Wirtschaft, 24. 6. 98).

Auch durch die noch folgenden besonderen Merkmale der *sechs Hüte* wird eine sehr viel kreativere Arbeitsumgebung geschaffen. Eine Mitarbeiterin der Alfred Ritter GmbH & Co KG, dem Unternehmen, das u.a. die quadratische Ritter-Sport-Schokolade herstellt, berichtete über eine abteilungsinterne Sitzung an der sie nach einem Seminar mit den *sechs Hüten* teilnahm: „ … Fazit war, dass wir ohne die Methode wahrscheinlich nicht einmal auf 50% der konkreten Lösungsvorschläge gestoßen wären.“

- *Trennung von Ego und Thema*

In vielen Diskussionen haben wir entweder von Anfang an einen Standpunkt oder aber wir entwickeln ihn im Laufe der Diskussion. Interessanterweise fällt es, je kontroverser die Diskussion verläuft, immer schwerer, die eigenen Standpunkte zu revidieren. Wir verbinden unsere Sichtweise und unsere Argumente mit unserer eigenen Person und unserem Ego. Bei meinem Übungsthema des Austausches der Führungskräfte bei DaimlerChrysler beispielsweise bildet sich jeder Teilnehmer zu Beginn schnell eine Meinung darüber, was er davon hält. Diese taucht dann in der Diskussion immer wieder auf, an allen passenden und unpassenden Stellen, meist gepaart mit der Einleitung: „Wie ich schon vorhin sagte …“. Wenn sich dann kontroverse Standpunkte ergeben, an denen man sich festhakt, leidet die genauere Exploration oder Untersuchung des Themas. Und man trennt sich nur schwer von der ursprünglichen Sichtweise und versucht, alle möglichen weiteren Argumente für seinen Standpunkt zu finden, hat also, um in der Sprache der *sechs Hüte* zu sprechen, nur den einen oder anderen Hut auf.

Was die Teilnehmer als unemotional und sachlich bei der Erfahrung mit den *sechs Hüten* beschreiben, hängt damit zusammen, dass jeder aufgefordert wird, zu jedem Hut seine Kommentare beizutragen. Also auch jemand, der enthusiastisch für den Vorschlag ist und in der klassischen Diskussion nur den gelben Hut vertreten hätte, muss sich mit den Problemen und Schwierigkeiten beschäftigen; genauso aber auch der „schwarz-behutete", der all die Probleme und Schwierigkeiten sieht, soll sich nun mit den Vorteilen beschäftigen, aber auch mal überlegen, wie man die Probleme und Schwierigkeiten eigentlich überwinden könnte, also den grünen Hut in seiner Funktion als Fehlerkorrektur anwenden. Durch diese Dynamik werden Diskussionen viel reichhaltiger und ausbalancierter. Das Thema, um das es geht, steht mehr im Vordergrund und die persönliche, eigene Sichtweise, der eigene Standpunkt treten in den Hintergrund. Eine Trennung von Ego und Thema findet statt.

Eine Verhaltenstrainerin, die ich in den *sechs Hüten* ausbildete, sagte nach der Ausbildung: „Seit Jahren arbeite ich mit dem Management verschiedener Unternehmen an Verhaltensänderungen, und das ist unglaublich zäh und langwierig. Was nun die Veränderungen in Kommunikationen angeht, sind die *sechs Hüte* unglaublich wertvoll, da sie die Leute einfach so lassen, wie sie sind, ihnen aber gleichzeitig ein System an die Hand geben, bei dem sie – ohne ihr Gesicht zu verlieren – ganz anders agieren können als bisher."

Unterstrichen wird diese Einschätzung von einem Top-Manager, den ich einmal in einem Kurzseminar mit den *sechs Hüten* vertraut machte: „Ich bin ja nun schon etwas älter, und ältere Männer mögen ja nicht so gerne, wenn man an ihrem Verhalten etwas ändern will. Das ist genau der Charme der Methode: Sie bringt einen dazu, Themen aus wirklich allen Blickwinkeln zu betrachten und doch der Gleiche bleiben zu können. Aber meine Standpunkte werden viel ausgewogener, oder auch leichter zu revidieren."

- *Jedes Denken hat seinen Platz und wird ernst genommen*

Die Hüte stehen für verschiedene Denkrichtungen und jeder Sitzungsteilnehmer soll mit jedem Hut gleich gut nachdenken können. Jeder Kommentar zu dem gerade symbolisch aufgesetzten Hut ist gleichberechtigt. Die kreativen neuen Ideen unter grün bekommen genau so ihren Platz wie die „Bedenkenträger" unter schwarz, und beide werden gleich wichtig genommen.

Wenn heutzutage die „Bedenkenträger" manchmal als Bremser gebrandmarkt werden, so hat doch dieser schwarze Hut, der Bedenken und Probleme symbolisiert, einen ebenso wichtigen Stellenwert wie alle anderen Hüte. In manchen Kontexten kann er auch gar nicht hoch genug veranschlagt werden, z. B. bei sicherheitsrelevanten Entwicklungen und neuen Produkten. So wurde beispielsweise nach dem ICE-Unglück in Eschede das gesamte Sicherheitskonzept der Deutschen Bahn AG überprüft. Die damals neue Generation des ICE 2, die zu einem Vollzug zusammenkoppelbaren Halbzüge, hat nur auf einer Seite einen Triebkopf, die andere Seite sieht zwar wie ein Triebkopf aus, es ist aber nichts darin, so dass dieser Wagen sehr viel leichter ist. Es ist auch kein Stromabnehmer auf diesem ersten Wagen. Manchmal wird der gesamte Zug gezogen, wenn der Triebkopf vorne ist, manchmal aber auch geschoben, wenn der Triebkopf hinten ist. Deshalb hat die Bahn AG nach dem ICE-Unglück vor den Schnellstrecken, die der Zug mit 250 Stundenkilometer bewältigen sollte, den Zug wenden oder über entsprechende Schleifen in den Bahnhof einfahren lassen, damit der schwere Triebkopf vor der Schnellfahrstrecke vorne ist. Ein recht aufwendiges, logistisches Verfahren, das damals eingeführt wurde, weil man festgestellt hat, dass der Zug, wenn er geschoben wird, bei bestimmten Windgeschwindigkeiten auf bestimmten Streckenabschnitten abzuheben drohte. Ohne Flügel war das aber kaum Sinn des Reisens. In der Sprache der Hüte gesprochen: Es fehlte den Entwicklern an zwei Hüten, dem schwarzen, der gezielt nach potentiellen Problemen und Schwierigkeiten fahndet, und dem grünen, der sich solche Probleme vorstellen kann.

Bei Ingenieuren, die sich mit der Neuentwicklung von Produkten beschäftigen, haben FMEAs (Fehler-Möglichkeits und Einfluss-Analysen) genau den Zweck, solche Probleme möglichst im Vorfeld auszuschließen. Also auch der manchmal gebrandmarkte Bedenkenträger hat zu gewissen Zeiten und bei gewissen Entwicklungen durchaus seine Berechtigung und das Denken unter dem schwarzen Hut kann sehr wertvoll sein.

Da jedes Denken seinen Platz bekommt, bekommt auch jeder Teilnehmer an einer Diskussion seinen Platz. Dadurch beteiligen sich nicht nur alle an Diskussionen sehr viel gleichmäßiger, damit wird nicht nur aller Sachverstand mit eingebracht, sondern auch jeder kann zu seiner Meinung befragt werden. Menschen, die sich in normalen Diskussionen eher seltener beteiligen und zu denen gehören, die sich nicht trauen, etwas zu sagen, weil sie das vermeintlich „Falsche" sagen, können mit den *sechs Hüten* direkt befragt werden. Man bringt sie nicht in eine peinliche Situation, da es bei den Hüten „nur" darum geht, zu dem jeweiligen Hut etwas zu sagen. In anderen, den „normalen" Diskussionen, kann die Peinlichkeit groß werden, wenn jemand nach seiner Meinung gefragt wird und im Augenblick gar nicht weiß, worum es geht (was die anderen vielleicht auch nicht wissen, aber trotzdem weiterreden). Das Thema des Redebeitrages ist durch die Hüte sehr stark fokussiert. Dadurch gelingt es, eine ganz andere Dynamik in die Diskussion zu bringen und jeden dazu aufzufordern, sich die verschiedenen Aspekte des Themas anzuhören und auch selbst etwas dazu beizutragen. Diese Gruppendynamik erhöht den Output deutlich, balanciert das Denken sehr viel mehr aus und kann somit zu abgesicherteren Ergebnissen und einer kreativeren Arbeit beitragen.

- *Gegenseitige Befruchtung und damit viel tiefergehende Exploration eines Themas*

Auch wenn ein Thema innerhalb der Gruppe gar nicht kontrovers diskutiert wird, wie beispielsweise mein Übungsthema der vorherigen Jahre, der Rücktritt von Bill Clinton aufgrund moralisch-sittlicher Verfehlungen, bei dem fast alle Gruppen von Anfang an die gleiche ablehnende Haltung dem Vorschlag gegenüber einnahmen, war die Erfahrung der Gruppen, dass die Untersuchung des Themas doch sehr viel dürftiger geblieben ist, als es in der gleichen Zeit mit den *sechs Hüten* durchdacht wurde. Man kann, auch wenn man sich einig ist, als Gruppe unwissend wie die Lemminge über die Klippen in den Tod stürzen.

Ein interessanter Aspekt, den man als Moderator einer Gruppendiskussion mit den *sechs Hüten* schnell merkt, ist die sehr viel größere Menge an Aspekten, die unter den jeweiligen Hüten hervorgebracht werden. Die Denkleistung ist in der gleichen Zeit sehr viel größer. Zum einen liegt das an einem Phänomen, das die Gruppen, die mit den *Sechs Hüten* diskutieren, als „gegenseitige Befruchtung" beschreiben. Wenn jemand einen Kommentar zu dem jeweils gerade aufgesetzten Hut sagt, fällt einem selbst noch ein weiterer ein. Und was ist sinnvoller zur möglichst umfassenden Exploration eines Themas, als wenn möglichst viele Aspekte zu dem Thema ausgesprochen und gefunden werden, und dies in möglichst kurzer Zeit? Zum Anderen scheint die chemische Zusammensetzung der Neurotransmitter im Gehirn bei jeder bestimmten Denkrichtung jeweils eine andere zu sein – also anders zusammengesetzt, wenn wir über positive Aspekte nachdenken, als wenn wir kreativ sind, und wiederum anders, wenn wir unsere Intuitionen und Gefühle befragen. Wenn sich dies bewahrheiten würde, dann gäbe es sogar eine absolute Notwendigkeit, bestimmte Denkrichtungen zu trennen, um effizient zu denken (*de Bono*, 1998, S. 9).

- *Sehr viel schneller und effizienter*

Aus der Trennung der verschiedenen Aspekte und der gegenseitigen Befruchtung in einer Diskussion ergibt sich fast zwangsläufig, dass Diskussionen sehr viel schneller und effizienter geführt werden können. So heißt es beispielsweise in einem Schulungsvideo der OBI Systemzentrale zu den Erfolgen der *sechs Hüte:* Dort wo sich die anderen noch die Köpfe heiß reden, sind diejenigen, die das Thema mit den *sechs Hüten* durchdacht haben, längst nach Hause gegangen.

Manche internationalen Anwender beziffern die Zeitersparnis durch die *sechs Hüte* nach Aussage von Marketingmaterialien der internationalen Vermarktungsorganisation der de-Bono-Seminare auf 69% (so das norwegische staatliche Ölförderungsunternehmen Statoil), IBM in den USA gar auf 75%. Wie man genau auf diese Prozentzahlen gekommen ist, entzieht sich meiner Kenntnis. Sicher ersparen die *sechs Hüte* Zeit; diese Zeitersparnis kann aber sogar noch sehr viel höher ausfallen, wenn man diszipliniert Themen mit den *sechs Hüten* abarbeitet und auch die notwendigen Folgerungen zieht: So berichtet ein Trainer-Kollege, der im oberen Führungskreis der Siemens AG seine Arbeitsgruppen mit den *sechs Hüten* moderiert: Zu Beginn jeder Sitzung fordert er unter dem weißen Hut dazu auf festzustellen, welche Informationen zu dem Thema, das besprochen werden soll, vorhanden sind und welche noch fehlen. Werden die fehlenden Informationen als relevant für die notwendige Entscheidungsfindung angesehen, dann wird der Tagesordnungspunkt auf die nächste Sitzung verschoben mit der Arbeitsaufgabe, die fehlenden Informationen bis dahin zu besorgen. Dies kann eine noch sehr viel höhere Zeitersparnis bei einzelnen Themen bringen als die genannten Prozentzahlen, denn bei wie vielen Sitzungen wird eigentlich diskutiert, ohne dass die als wichtig erachteten Informationen wirklich vorliegen und in jedermanns kognitivem Besitz sind?

Dazu zwei Beispiele: Bei der Alfred Ritter GmbH & Co KG sollte in einer Abteilung eine Neustrukturierung stattfinden, um sie für neue Aufgaben fit zu machen; normalerweise ein Prozess, der in allen Unternehmen schwierig und zäh ist und bei dem mit langen Diskussionen und vielen Widerständen zu kämpfen ist. Die Teilnehmer hatten die *sechs Hüte* in einem Tagesseminar gelernt und waren gebeten worden, ihre Vorstellungen von der Neustruktur der Abteilung in Kleingruppen am Abend zu erarbeiten. Am nächsten Morgen um 9.00 Uhr war die Vorstellung der Kleingruppenarbeit angesetzt; darauf folgte eine von mir moderierte Diskussion unter Einsatz der *sechs Hüte* mit dem Ziel, die beste Lösung herauszudestillieren und dann zu verabschieden. Um 12.30 Uhr war sie gefunden, verabschiedet, von allen getragen und sie funktioniert.

Ein zweites Beispiel: Von einer Sitzung, die etwa einen Monat nach dem *Sechs-Hüte*-Seminar stattfand, berichtete die Protokollantin Folgendes: „Zu Anfang der Sitzung dachte ich, dass es nicht besonders gut läuft, vielleicht weil wir nicht genügend auf die Zeitdisziplin geachtet haben. Aber als wir dann am Ende der Sitzung waren, war ich schon ziemlich erstaunt, was dabei rausgekommen ist. Mein Erstaunen wuchs dann noch, als ich mich hinsetzte, um das Protokoll zu schreiben: Es war absolut unglaublich, was wir alles in den drei Stunden diskutiert hatten. Für diese Menge an Punkten hätten wir normalerweise ein ganztägiges Meeting veranstalten müssen, und hier haben wir es innerhalb von knapp drei Stunden erreicht."

Neben dem unmittelbaren Nutzen, in Sitzungen und Einzelarbeit für Struktur und Zeiteffizienz zu sorgen, helfen die *sechs Hüte* auch Führungskräften: Beim Robert Bosch Kolleg, der „universitären" internen Weiterbildungsinstitution der Robert Bosch GmbH auf der Schillerhöhe in Stuttgart, haben bisher gut 500 Führungskräfte am Course in Creativity teilgenommen (dieses Seminar kombiniert die beiden Seminare, die *sechs Hüte* des *Denkens* und *laterales Denken*). Ein Teilnehmer aus einem Seminar beschrieb seine Erfahrung folgendermaßen: „Ich habe jetzt ein Werkzeug, mit dem ich bei Mangel an Beiträgen für Nachschub sorgen und einen Überschuss von Beiträgen konzentrieren kann."

- *Interkulturelle Kommunikationssituationen*

In international tätigen Unternehmen mit interkulturell zusammengesetzten Arbeitsgruppen fordern Meetings und ihre Moderation noch mehr Geduld von allen Beteiligten. Selbst wenn die Sprachbarriere durch sehr gute Sprachkenntnisse der Beteiligten gering ist, so stellt die kulturelle Herkunft der Teilnehmer eine zusätzliche Hürde für die Verständigung dar. Die *sechs Hüte* wurden bei ABB, dem schweizerisch-schwedischen Technologiekonzern, in interkulturellen Meetings eingeführt und 1997 wurde auf einer Konferenz darüber berichtet: „Andere Kulturen haben andere Entscheidungsprozesse. Man stößt auf Traditionen und kulturelle Werte der Beteiligten." Die *sechs Hüte* haben „Meetingzeiten um 50% verkürzt und die Produktivität der Teams um 25% verbessert" (*Dieter Ertl* aus ABB-Corporate Research).

Im Geschäftsbereich Elektrowerkzeuge der Robert Bosch GmbH haben Schulungen in verschiedenen Ländern mit mittlerweile insgesamt 650 Mitarbeitern stattgefunden. Dabei handelt es sich um Führungskräfte und Mitarbeiter, die regelmäßig an Sitzungen teilnehmen. Zielrichtung ist nicht nur die Anwendung dieser Methode in nationalen Besprechungen, sondern auch in interkulturellen Teams. Die Zahl dieser Teams ist aufgrund von Zukäufen ausländischer Unternehmen angestiegen, und sie sind mit den gleichen Herausforderungen wie alle interkulturell besetzten Teams konfrontiert. Man verspricht sich durch die Anwendung der *sechs Hüte* eine sehr viel bessere und zielgerichtetere Kommunikation in den Teams.

- *Schneller und einfacher als Moderationstechniken à la Metaplan*

Viele Unternehmen, vor allem größere und Großunternehmen, haben ausgebildete Moderatoren, die z.B. mit der Metaplantechnik als einer der in

Deutschland weitverbreiteten Moderationstechnik arbeiten. Sie helfen innerbetrieblichen Arbeitsgruppen, ihre Sitzungen effizient und strukturiert abzuhalten. So z. B. auch die Robert Bosch GmbH. An meinen Seminaren im Robert Bosch Kolleg nehmen auch immer wieder in allen Methoden geschulte CIP-Koordinatoren teil. CIP steht für *Continuous Improvement Process*; die CIP-Mitglieder fördern und unterstützen in den einzelnen Bosch-Werken Veränderungsprozesse und sind selbstverständlich hochqualifizierte Moderatoren. Von diesen erfahre ich als Feedback, dass die *sechs Hüte* eine sehr wertvolle Ergänzung, gerade zu den Moderationstechniken à la Metaplan sind, da Prozesse dadurch sehr viel schneller und effizienter durchgeführt werden können als mit den klassischen Moderationstechniken, die doch immer einige Zeit in Anspruch nehmen und sich auch nicht für jedes Thema eignen.

- *Zur Vorbereitung auf Gespräche (Vertriebsmitarbeiter)*

Im Vertrieb ist man darauf angewiesen, auch mit Gesprächspartnern erfolgreich umzugehen, mit denen man im Privatleben vielleicht noch nicht einmal ein Bier trinken würde. Außerdem müssen Vertriebsziele erreicht werden, die nicht immer einfach zu erreichen sind, da die Verkaufsziele der Gesprächspartner unter Umständen andere sind. Ein Feedback eines Teilnehmers auf der unteren Ebene des Vertriebes für seine tägliche Arbeit: „Nach dreißig Tagen Erfahrungen mit den *sechs Hüten* kann ich nur Positives berichten. Man kann sich zuhause effektiver und schneller auf Aktionen und Ziele beim Kunden vorbereiten." Er schildert dann ausführlich, mit welchen Hüten und welchen Ergebnissen er an seiner Verkaufsaktion gearbeitet hat und schließt: „Ich konnte diese Promotion, so wie ich sie ausgearbeitet hatte, in relativ kurzer Zeit abschließen. Dieses Seminar mit den *sechs Hüten* wird mir auch in Zukunft bei meiner täglichen Arbeit und auch in anderen Bereichen weiterhelfen."

- *Zur Einschätzung, was hier gerade geschieht und Änderung der Diskussion*

Viele Rückmeldungen aus den Seminaren beschreiben als allgemeine Erfahrung der Teilnehmer, dass sie in Gesprächen und Diskussionen nun viel leichter feststellen können, auf welcher Ebene sich das Gespräch oder der Gesprächspartner gerade befindet. So können sie entweder gezielt darauf hinweisen und mal einen weiteren Hut anfordern, um Balance in das Gespräch zu bringen oder aber Sie können ganz gezielt aus festgefahrenen Diskussionen mittels der Hüte ausbrechen: „Insgesamt kann ich sagen, dass ich die Hüte in fast jedem meiner Workshops nutze. Sie verhelfen dazu, dass die Teilnehmer die Themen aus unterschiedlichen Gesichtspunkten betrachten. Eine sehr viel ausgewogenere Diskussion findet statt. Und es hat uns in vielen Situation geholfen, aus festgefahrenen Diskussionen herauszukommen“ (Seminarteilnehmerin von Siemens Business Services).

- *Hilfe bei der Einschätzung, in welcher Diskussions- und Entscheidungskultur man lebt und arbeitet*

Mit einer Gruppe in einem Unternehmen führte ich eine Diskussion zu der Frage, warum dieses System speziell in ihrer Abteilung wahrscheinlich kaum eine Anwendungsmöglichkeit finden wird. *Die sechs Hüte des Denkens* sind – und dies sollte aus den vorangegangenen Seiten deutlich geworden sein – eine Methode, die allen Teilnehmern an einer Diskussion Raum und Platz gibt, ihre Gedanken mit einzubringen. Des weiteren ist sie dazu geeignet, ein Thema aus verschiedenen Blickwinkeln zu beleuchten, um Entscheidungen zu treffen, die auf einer möglichst umfassenden Sicht zu allen verschiedenen zu berücksichtigenden Faktoren beruhen. Sind jedoch Diskussionen in einem Team gar nicht dazu gedacht, dies zu erreichen, sondern sollen die Teilnehmer nur „abnicken“, was an Entscheidung sowieso bereits vorher an anderem Orte (und von anderen Personen) gefällt worden ist, dann helfen die *sechs Hüte* wenig. Sie helfen aber durchaus, um genau dies – vielleicht auch nur ein weiteres Mal – für jeden augenfällig werden zu lassen. Die Prinzipien von Entscheidungsfindung im Unternehmen und die Entscheidungsfindungs-Kultur werden deutlich.

- *Hilfe in Konfliktgesprächen*

Eine ganz andere Anwendung der *sechs Hüte* kann in der Mediation stattfinden. Mediation bedeutet die außergerichtliche Konfliktlösung und ist mittlerweile als die Alternative zur herkömmlichen Streitbeilegung durch Gerichte, die meist keine wirklich dauerhafte Lösung des Konfliktes darstellt, anerkannt. Bei klassischen Gerichtsverfahren, besonders unter Beteiligung von Anwälten, werden Positionen vertreten. Man möchte „sein Recht“ bekommen und die meist sehr viel komplexeren Sachverhalte, die das Leben so mit sich bringt, werden auf juristisch relevante Fakten reduziert. Aufgrund dieser spricht ein Gericht „Recht“, was in der Regel zu Gewinner-Verlierer-Situationen führt (*Ponschab/Schweizer*, 1997, besonders S. 13–27).

Mediation versucht, die Interessen, die Streitgegner bis dato lediglich in Positionen ausdrücken können (bzw. dazu von ihren Anwälten gebracht werden), herauszuarbeiten und darüber zu einer Beilegung des Konfliktes zu gelangen. Schon die Stichpunkte „Positionen“, „Recht haben“, „Recht bekommen" lassen unsere übliche kontroverse Denkweise erkennen. Daher ist es auch folgerichtig, wenn tätige Mediatoren als Ausweg und Hilfsmittel die *sechs Hüte* des Denkens für sich entdecken (*Schiffer*, 1999).

In den USA wird derzeit geprüft, ob man den Geschworenen die Methode der *sechs Hüte* als Hilfsmittel für ihre Geschworenensitzungen an die Hand geben soll, um die Komponente des Ego aus den Diskussionen herauszuhalten und die Untersuchung des Falles wirklich in den Vordergrund zu stellen (*de Bono*, Messages, 1. Mai 2000). Vielleicht reduziert sich damit zumindest einmal die Zahl der unschuldig zum Tode verurteilten und hingerichteten Opfer oder man fängt an, die gesamte Praxis der Todesstrafe an sich auf den Prüfstand zu stellen. Die *sechs Hüte* könnten es, auch für Politiker und Juristen, möglich machen.

a) Verbreitung der Sechs-Hüte-Technik

Mit weltweit gut 160 000 Teilnehmern in Seminaren, die mit dem seit Anfang der neunziger Jahre erhältlichen offiziellen Kursmaterial durchgeführt wurden, ist das Seminar *Die Sechs Hüte des Denkens* sicherlich eines der erfolgreichsten Seminarprogramme. In Deutschland allein wurden beispielsweise in verschiedenen Geschäftsbereichen der Robert Bosch GmbH in den letzten zwei Jahren über 2000 Seminarteilnehmer geschult. Neben dem erwähnten Geschäftbereich Elektrowerkzeuge ist auch der Bereich der Thermotechnik mit den *sechs Hüten* aktiv. In einem der Kraftfahrzeugsausrüster-Bereiche von Bosch, Bosch K4 Schließsysteme in Wuppertal, haben sich die Werksleitung und die leitenden Mitarbeiter entschieden, die Methodik unternehmensweit einzuführen. Alle sog. indirekten Mitarbeiter, das sind die etwa 350 der insgesamt 1050 Mitarbeiter, die nicht direkt in der Produktion arbeiten, werden von ausgebildeten innerbetrieblichen Trainern geschult. Diese Entscheidung fiel, nachdem man abgefragt hatte, wo für die Mitarbeiter die größten Verschwendungspotentiale in ihrer täglichen Arbeit lauern: in den Besprechungen.

Das größte Fraunhofer-Institut, das *Institut für Produktionstechnik und Automatisierung (IPA)* in Stuttgart hat das *Sechs-Hüte*-Seminar seit letztem Jahr zusammen mit dem *lateralen Denken* im Pflichtprogramm für seine Führungskräfte und im Wahlprogramm für die Mitarbeiter. Bei der Siemens AG haben wir (eine US-amerikanische Kollegin und ich) 37 innerbetriebliche Trainer für beide Methoden, die *sechs Hüte des Denkens* und *laterales Denken* ausgebildet. Wenn man bedenkt, dass die Methode dafür gedacht ist, angewandt zu werden, dann kann man davon ausgehen, dass die Zahl der Nutzer über ein Vielfaches der Zahl der in einem Seminar trainierten Teilnehmer hinausgeht. Denn die Seminarteilnehmer werden, sofern sie in

Gruppen arbeiten, meist das Wissen an ihre Kolleginnen und Kollegen weitergeben.

Neben der Anwendung in der Industrie werden die *sechs Hüte* in manchen Ländern, beispielsweise Singapur und Großbritannien, im Schulunterricht eingesetzt. Auch ein Lehrerkollegium in Stuttgart wendet die Methode in Lehrerkonferenzen an. In den Niederlanden ist sie nach Auskunft eines niederländischen Kollegen in vielen gesellschaftlichen Bereichen weit verbreitet.

Erdacht wurde sie von *Edward de Bono* in den Grundzügen an einem Nachmittag, wie er in einem kürzlich geführten Interview erläuterte: Er war gebeten worden, einen Artikel zu schreiben und versuchte, sich eine kreative Gruppendiskussion vorzustellen. Dabei fielen ihm die üblichen Diskussionen ein, bei denen die einzige Motivation der Teilnehmer darin bestand, ihr Ego immer wieder in den Vordergrund zu stellen, indem sie zu jeder neu entwickelten Idee sagten, dass und warum sie nicht funktionieren würde. Ohne Änderung dieser Art von Diskussionen war an keine kreative Diskussionskultur zu denken. Die vorhandene Art und Weise der Diskussion jedoch dadurch verändern zu wollen, dass man auf diese negative Grundhaltung mit der Aufforderung, „Lassen Sie das doch bitte!" reagierte, macht keinen Sinn. Aber zu sagen: „Es gibt einen Platz und eine Zeit, wo dieses kritische Denken vollständig richtig und sinnvoll ist, aber auch Situationen, wo es nicht passend ist", könnte funktionieren (*Edward de Bono*, 2000).

Die Methode ist also auf den ersten Blick erdacht worden zur Unterstützung von Kreativität. Die anderen Vorteile der Methode sind oben geschildert worden. Sie gehen weit über den ersten offensichtlichen Vorteil der Strukturierung von Gruppengesprächen hinaus und können zu einer fundamentalen Änderung des Denkens und Diskussionsverhaltens führen. Zusammenfassend kann man sagen, dass an die Stelle der traditionellen Diskussion in Form des Argumentes und Gegenargumentes die gemeinsame Suche nach den verschiedenen Aspekten eines Themas, symbolisiert durch die Hüte, tritt. Erreicht wird ein paralleles Denken, bei der Person A und Person B, statt gegeneinander miteinander diskutieren und aufeinander aufbauen, wie Abbildung 7 zeigt.

Zusätzlich werden aber auch die komplexen Inhalte, die in eine Diskussion einfließen, entwirrt und einzeln gebündelt, wobei jeder Teilnehmer das Seine zur entsprechenden Zeit dazu beitragen kann und damit eine Diskussion sehr viel tiefgründiger, besonders aber auch befriedigender für die Teilnehmer werden lässt.

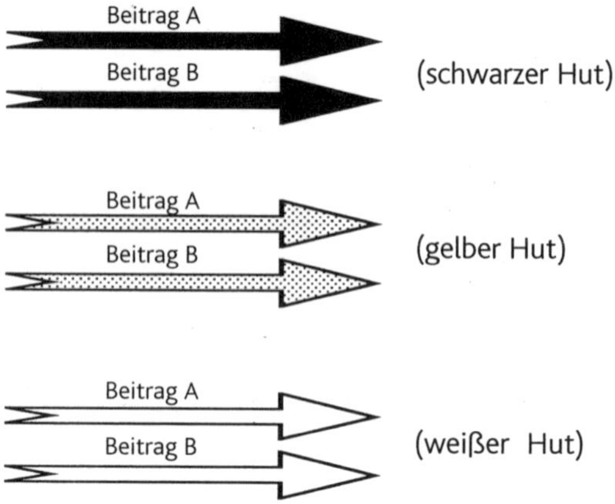

Abb. 7: Paralleles Denken mit Hüten

5. Misserfolge – Was man nicht tun sollte

Die Methode ist von bestechender Einfachheit; dies erklärt sicherlich auch ihren weltweiten Erfolg. Obwohl sie eigentlich nicht schwer zu verstehen ist und auch die Grundregeln sich auf einige wenige beschränken, sind über die Jahre einige Missverständnisse und Fehlerklärungen aufgekommen.

Eine davon ist beispielsweise in einem US-amerikanischen Unternehmen aufgetaucht, in dem der Chef einer Arbeitsgruppe die Anwendung der *sechs Hüte* bei ihm in der Gruppe folgendermaßen erläuterte: „Bei uns wird John aufgefordert, unter dem gelben Hut nachzudenken, während unser brillanter Schwarz-Hut-Denker Tim ist, und die Lösungen unter grün entwickelt immer Malcolm." Das ist natürlich barer Blödsinn, denn jeder soll zu jedem Hut etwas beitragen, gerade das macht ja die Reichhaltigkeit des Denkens und die Strukturierung aus. Außerdem war niemals daran gedacht, Menschen nach Hüten zu klassifizieren.

Man sollte auch nicht zwischen den Hüten willkürlich hin- und herspringen. Wenn auch der blaue Hut dazu gedacht ist, jedem Teilnehmer jederzeit die Möglichkeit zu geben, einen anderen Hut einzufordern, so sollte dies mit Verstand geschehen. Es würde die Methode selbstverständlich ad absurdum führen, wenn man sich mit „Hüten bewerfen" würde, nach dem Motto: „Jetzt setze ich mir den schwarzen Hut auf und sage dazu …". Man sollte bei dem gerade angesagten Hut bleiben, weil dies sowohl Struktur als auch tiefergehende Exploration eines Themas in kürzerer Zeit ermöglicht.

Zu meinen, dass die Methode nun in jeder Sitzung und zu jedem Thema systematisch angewandt werden muss, wäre auch nicht richtig. *Systema-*

tisch bedeutet, ein Thema mit einer Sequenz von Hüten systematisch, Schritt für Schritt, zu durchdenken. Es gibt neben der *systematischen Anwendung* auch die *Anwendung einzelner Hüte*, die ebenfalls sehr wirkungsvoll ist, besonders um aus Denkblockaden und verhärteten Standpunkten herauszukommen. Die *sechs Hüte* stehen für das parallele Denken, das *eine* Art des Denkens ist. Wenn dieses auch neu und ungewohnt ist, so existiert nach wie vor auch noch das kritisch-kontroverse Denken, das uns bekannt ist. Beide Diskussionsweisen haben ihre Berechtigung. Die *sechs Hüte* führen zu unemotionalen, sachlichen Diskussionen und schließen Streit aus.

Sitzungen und Diskussionen haben aber auch, neben dem Aspekt, ein Thema durchzusprechen, eine soziale Komponente. Wenn die soziale Komponente in einer Sitzung, aus welchen Gründen auch immer, der Streit und der Ego-Trip ist, mit dem Teilnehmer glänzen wollen, dann können die *sechs Hüte* nicht genutzt werden. Erfahrene Moderatoren von Sitzungen wissen um diese Gegebenheiten und darum, dass es eben nicht immer um Effizienz geht. Daher ist es durchaus sinnvoll, Teile von Besprechungen unmoderiert oder uneffizient laufen zu lassen, denn hier liegt die Effizienz darin, dass die soziale Komponente der Besprechung ihren Ausdruck finden kann. Erfahrungsgemäß gibt sich dies nach einiger Zeit und man kann wieder effizienter am Thema arbeiten, dann auch durchaus wieder mit einer Methode wie beispielsweise den *sechs Hüten*.

Jede Methode verlangt den Willen und die Bereitschaft der Teilnehmer, mit ihr auch zu arbeiten. Dies gilt für die *sechs Hüte* genauso wie beispielsweise für Metaplan: Wenn bei Metaplan niemand Karten schreiben möchte, dann steht man als Moderator alleine da und muss sich etwas anderes ausdenken. Wenn bei den *sechs Hüten* jemand partout nicht bei dem Hut bleiben will, der gerade angesagt ist, dann funktioniert das System nur schwerlich (denn die chemische Zusammensetzung der Neurotransmitter wird bei den anderen Teilnehmern aus dem Gleichgewicht gebracht oder aber zumindest macht es den anderen keinen Spaß).

Von einer spezifischen Problematik, die sich meines Wissens bisher lediglich in den USA ergeben hat, berichtet *de Bono* (Messages, 1. Mai 2000): Die USA sind (oder waren?) stolz auf ihre Bewegung der *political correctness,* die aus der Bürgerrechtsbewegung herrührt und die weit verbreitete Diskriminierung in den Griff bekommen sollte. Diskriminierung kann sich selbstverständlich auch in der Sprache ausdrücken, daher die *political correctness*. Diese (oder der schwarze Hut?) führte nun in einem US-amerikanischen Unternehmen dazu, dass die als durchaus sinnvoll angesehene Methode der *sechs Hüte* nicht eingeführt werden kann, da der schwarze Hut die schwarzen Afroamerikaner diskriminieren könnte.

VII. Dem Neuen einen Weg zum Licht der Welt verschaffen

Laterales Denken dient der Entwicklung von neuen Ideen, Lösungen und Alternativen. Sie sind auch bereits so weit untersucht worden, dass man vorläufig ihren Nutzen festgestellt, offensichtliche Schwächen bereits behoben und sich erste Gedanken über ihre Umsetzung gemacht hat und daher nun an ihre innerbetriebliche Realisierung gehen könnte.

Manchmal wird in Seminaren behauptet, das Problem seien nicht die Ideen, davon hätte man genug, sondern die Umsetzung. Ob man nun wirklich genügend neue Ideen hat, vermag ich nicht zu beurteilen. Gruppen, die in einem *think tank* oder Workshop arbeiten, in denen die Anwendung gelernter Kreativitätstechniken im Vordergrund steht, sehen das auch tatsächlich anders, denn schließlich sind sie zusammengekommen, um neue Ideen zu entwickeln, die ihnen vorher nicht eingefallen sind. Die richtig erkannte Problematik liegt jedoch tatsächlich in der Umsetzung neuer Ideen.

Das Umfeld, in dem man arbeitet, spielt eine wichtige Rolle für die Chancen, neue Ideen auch wirklich umzusetzen. Wenn es sich um Ideen handelt, die keinerlei großen unternehmerischen Einsatz erfordern, sei es der zeitliche, der Mitarbeiter- oder der Ressourcen-Einsatz, und die schnell von einem selbst oder einem Team umgesetzt werden können, dann wird man wahrscheinlich kaum mit innerbetrieblichen Problemen und Schwierigkeiten zu rechnen haben. Diese sog. Prozessinnovationen sind häufig das Ergebnis eines innerbetrieblichen Vorschlagswesen, das in vielen Unternehmen existiert. Prozessinnovationen können aber auch größerer Natur sein und sehr viel mehr Ressourcen binden, so dass zu ihrer Umsetzung auch das Management des Unternehmens sein Okay geben muss. Gleichwohl finden Prozessinnovationen in der Regel rein innerbetrieblich statt, das heißt, zur Durchführung müssen auch „nur“ innerbetriebliche Widerstände überwunden werden.

Geht es jedoch um neue Produkte, deren Design entwickelt, die industriell hergestellt und danach an den Kunden vertrieben werden müssen, dann müssen Strukturen greifen, die alle miteinander verzahnten Probleme und Herausforderungen managen. Bei diesen Produktinnovationen spielt gegenüber den Prozessinnovationen, die rein innerbetrieblich durchgeführt werden, als zusätzliche Kraft auch noch der Markt eine Rolle. Während innerbetriebliche Widerstände über entsprechende Machtmittel der Unternehmensleitung gebrochen werden können, steht dieser Weg bei Produktinnovationen gegenüber dem Markt als Widerstandsfaktor nicht zur Verfügung.

Man kann die Kunden in aller Regel nicht zwingen, ein neues Produkt zu kaufen; von Ausnahmen abgesehen, wie beispielsweise monopolartigen Strukturen in der Softwareindustrie (Microsoft).

Sowohl bei umfangreicheren Prozessinnovationen als auch besonders bei Produktinnovationen beginnt hier das *Innovationsmanagement*, das eine Tätigkeit beschreibt, worauf *Hauschildt* in seinem Standardwerk zum Thema hinweist, die substantiell anders geartet ist als das klassische Management von „wiederholten Routineentscheidungen" (S. 23). Unstrittig ist darüber hinaus, dass Innovationen, die leicht Millionenbeträge erreichen können, immer durch die oberen Führungsebenen des Unternehmens entschieden werden müssen. Unstrittig ist weiterhin, dass Innovationen, qua definitionem, nicht prinzipiell zum Erfolg führen müssen. Dies gilt besonders bei den Produktinnovationen, bei denen das nur begrenzt vorhersehbare Verhalten des Marktes eine entscheidende Rolle spielt – das Produkt muss seine Käufer finden. Es besteht auch bei den besten Ideen immer ein Risiko, das man durch ein gutes Management von Innovationen zwar beherrschbar und steuerbar halten kann, aber einen hundertprozentigen Ausschluss von Risiko kann es bei Innovationen nicht geben (*von Pierer/von Oetinger*, 1997, S. 202).

Innovative Unternehmen haben Prozesse und ein Innovationsmanagement entwickelt, das an das Unternehmen, die Art der Innovation, die Finanzierung etc. angepasst ist.

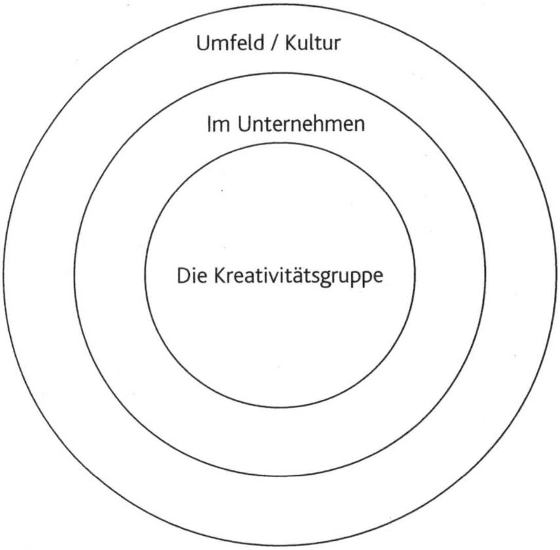

Abb. 8: Orte der Bewährung für neue Ideen

Die Basis jeglicher Innovation sind Ideen. Ohne neue Ideen sind keine Innovationen möglich. Es stellt sich nun die Frage, wie viele Ideen erst gar nicht in den Prozess des Innovationsmanagements kommen und wie viele Ideen mit Potential gar nicht erkannt werden. Ich werde im Folgenden einige damit zusammenhängende Herausforderungen thematisieren und mich dabei kreisförmig von außen nach innen über die drei in Abbildung 8 dargestellten Themenblöcke bewegen.

1. Das innerorganisatorische Umfeld oder die „Kultur"

Blockaden und Barrieren gegen Innovationen, die ja immer Veränderungen bedeuten, gibt es vielfältige in einer Organisation. „Innovationen sind im Zweifel nicht willkommen, denn [sie] bedeuten eine erhebliche Veränderung der bisherigen Arbeitsweise, die von vielen als Störung, ja als Ärgernis, wenn nicht gar als Umbruch oder sinnlose Turbulenz empfunden werden" (*Hauschildt*, S. 128). Daher können bürokratische Hürden gegen Veränderungen aufgebaut werden, Führungskräfte blockieren Innovationen, beispielsweise aus politischen Gründen, da sie Machtverlust befürchten, im Unternehmen gibt es keinerlei Fehlertoleranz, Mittel, zeitlicher oder finanzieller Art, um Innovationen voranzutreiben, werden nicht gestellt usw.

Die Grundvoraussetzung für ein innovatives Unternehmen ist eine für Innovationen und Veränderungen offenes TOP-Management. Ist das nicht vorhanden, können Innovationen, die über den Bereich von kleineren Prozessinnovationen hinausgehen, nicht durchgeführt werden. Aber selbst wenn die Unternehmensführung pro Innovationen eingestellt ist, gibt es weitere Symptome, die eine Unternehmenskultur als innovationsfördernd oder eher als innovationshemmend charakterisieren lassen:

- *Fehlertoleranz*

Innovationen sind eine black box: Man weiß am Anfang eines Innovationsprozesses, also nach der Geburt der neuen Idee, nicht, ob sich die Idee tatsächlich umsetzen lässt. Wenn im Unternehmen eine Kultur vorherrscht, die von den Mitarbeitern verlangt, ja nur alles richtig und bloß keine Fehler zu machen, werden neue Ideen, wenn überhaupt, nur sehr spärlich fließen und meist auch nur kleinere Prozessinnovationen berühren. Fehler sind bei Innovationen quasi vorprogrammiert, sie einzugrenzen und den Prozess beherrschbar zu machen, dafür ist das Innovationsmanagement zuständig.

- *Zeit für Innovationen und neue Ideen*

Ideen zu entwickeln braucht Zeit. Auch wenn man den Zeitbedarf durch Kreativitätstechniken wie das *laterale Denken* und die *sechs Hüte* senken und gezielt nach neuen Ideen suchen kann, ist immer noch ein gewisser Zeitbedarf vorhanden. Zwei Bespiele, wie Unternehmen diese Zeit Mitarbeitern bewusst einräumen können:

- Bei 3M in den USA werden die Mitarbeiter beispielsweise aufgefordert, 15% ihrer Arbeitszeit gezielt kleinen eigenen Lieblingsprojekten und unausgegorenen eigenen Ideen zu widmen (*Mingo*, S. 68).
- Von *Alps Electronic*, dem irischen Ableger eines japanischen Unternehmens, das Teile für die Computer-Peripherie wie beispielsweise Tastaturen herstellt, berichtete *Barry Lynch*, der Training Manager auf einer Tagung in London, wie das Problem der Zeit bei ihnen angepackt wird: Früher wurde peinlich genau darauf geachtet, dass jeder Mitarbeiter gefälligst immer sehr beschäftigt zu sein hat oder zumindest den Anschein wahren soll. Dann führte man auch bei Alps eine 15%-Regel ein. Eine von *Barry Lynch* aufgelegte Folie zeigt einen Mitarbeiter, der bequem an seinem Schreibtisch sitzt, mit den Füssen auf der Schreibtischplatte und geschlossenen Augen. Vor der geöffneten Bürotür steht ein Manager von *Alps* mit einem Besucher und sagt: „Psst, der Mitarbeiter macht gerade seine 15% – er soll über die Firma und neue Möglichkeiten nachdenken." Übrigens sind die *de Bono*-Techniken bei *Alps* weit verbreitet.

Eine Kultur, die nur noch Reaktion (den Zweck-Fokus) fordert und kein proaktives Nachdenken (den Bereichs-Fokus) der Mitarbeiter zulässt, ist sicherlich nicht innovationsfördernd.

- *Bürokratische Hemmnisse*

Bei aller Notwendigkeit, Innovationen handhabbar und vor allem steuerbar zu gestalten, damit Gefahren durch ein Innovationsmanagement beherrschbar werden, können sich solche Strukturen zur innovationshemmenden Bürokratie aufbauen, wie Abbildung 9 zeigt.

Die Autoren dieser Übersicht (S. 68), wie in der Informations- und Kommunikationsbranche mit neuen Ideen umgegangen werden soll und *Wo* sie *Wie* mit *Wem* einzubringen sind, haben ohne Zweifel ein genaueres Verständnis für die geforderten Abläufe und viele Überlegungen in das Flussdiagramm einfließen lassen. Andererseits können solche formalisierten Ablaufdiagramme als bürokratische Innovationskiller wirken. Auch manche von der Grundidee her an sich einfachen innerbetrieblichen Vorschlagswesen sind derartig bürokratisiert, dass die Anzahl der Verbesserungsvorschläge weit geringer ist als in anderen vergleichbaren Unternehmen. Zu überlegen ist auf jeden Fall, welche Prozesse unbedingt notwendig sind und welche nur einer auf Erweiterung ausgerichteten überbordenden Bürokratie nutzen.

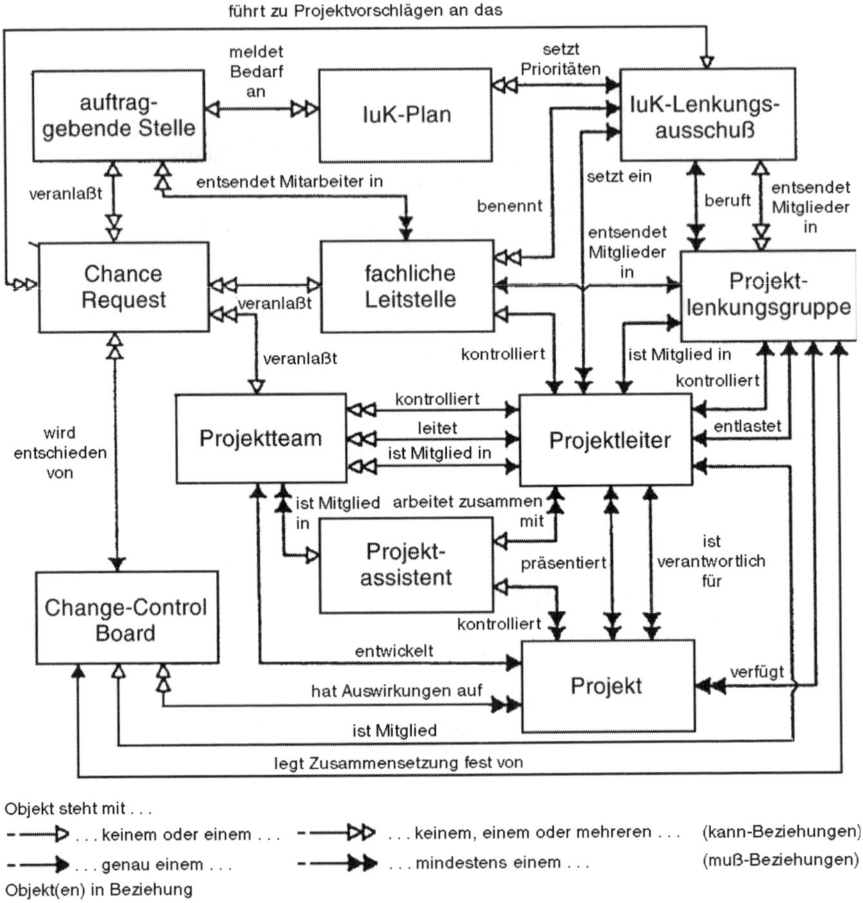

Abb. 9: Innovationshemmende Bürokratie
(Quelle: Gesellschaft für Informatik, 1993)

Die alte Erkenntnis *„KISS – Keep it short (oder small) and simple"* sollte auch bei Innovationsprozessen beherzigt werden.

- *Generelles Bekenntnis zu Kreativität und Innovation*

Gerade in Großunternehmen, bei denen die Kommunikation zwischen der Top-Führungsmannschaft und den Mitarbeitern nicht mehr auf einer *face-to-face* Ebene stattfinden kann, muss sich die Top-Ebene durch symbolische Taten zu Innovation und Kreativität bekennen. Sie besuchen Kreativitätsseminare, oder sie laden *Edward de Bono* ein, mit den Top-Führungskräften ein eintägiges Seminar zu veranstalten, und veröffentlichen dies in den firmeninternen Zeitungen. Den Weg sind beispielsweise die Siemens AG auf Initiative des Leiters der Forschung und Entwicklung, *Claus Weyrich*, und die Robert Bosch GmbH auf Initiative des Vorsitzenden der Geschäftsführung, *Hermann Scholl,* gegangen.

Neben dem unmittelbaren Nutzen, die Führungskräfte mit den Methoden bekannt zu machen, haben solche Veranstaltungen einen nicht gering zu schätzenden symbolischen Wert. Die Botschaft, dass die Top-Ebene Kreativität und Innovationsbereitschaft einen hohen Stellenwert beimisst, wird damit in das Unternehmen transportiert.

Zu der Entscheidung, die *de Bono*-Techniken bei der Robert Bosch GmbH über das Top-Management einzuführen und den Zielen, die damit erreicht werden sollen, äußerte sich *Hermann Scholl*, in einem Interview, zu dem ich mich mit ihm in seinen Räumen getroffen habe, folgendermaßen:

Herr Scholl hatte sich bereits im Jahre 1985 über die Kreativitätsmethoden von *de Bono* mittels eines seiner damals erschienenen Bücher zum lateralen Denken informiert. Ihn sprach damals besonders an, dass die Beschreibung des kreativen Denkens von *de Bono*, sprich die lateralen Sprünge, mit seinen Erfahrungen übereinstimmte, wenn er kreative Ideen entwickelt hatte: „Die Beobachtungen von de Bono deckten sich mit meinen eigenen Erfahrungen, wenn ich tatsächlich zu neuen und kreativen Überlegungen und Lösungen gekommen bin. Die wirklich großen Sprünge im Fortschritt entstehen nicht durch kleine Schritte sondern durch Gedankensprünge, die dann erreicht werden, wenn man sich von dem ursprünglichen Problem löst und die Thematik aus unterschiedlichen Perspektiven betrachtet.“

Es dauerte dann noch gut zehn Jahre, bis sich für ihn die Gelegenheit bot, an einem Seminar mit *Edward de Bono*, damals in Amsterdam, teilzunehmen. Der Mensch und die Methoden passten zu der Botschaft, die er im Unternehmen vermitteln wollte und er lud *de Bono* zu mehreren Veranstaltungen ein, die dieser dann mit der Top-Führungsebene durchführte. Die Motive lagen weniger darin, gegen ein vermeintlich vorhandenes Defizit an kreativem Denken im Unternehmen etwas zu unternehmen, sondern vielmehr darin, dass nichts so gut sein kann, dass man es nicht noch verbessern könnte.

Selbstverständlich sind aber in Unternehmen, besonders wenn sie eine Größe wie die Bosch-Gruppe erreicht haben (190000 Mitarbeiter weltweit, über 50 Milliarden DM Umsatz – wahrscheinlich kein Kraftfahrzeug in der Welt, das nicht irgendwelche, meist *high-tech* Bosch-Teile in sich trägt), auch immer wieder Beharrungskräfte gegen kreative neue Ideen und Innovationen am Werk. Naturgemäß hängen diese mit den Menschen zusammen, auch mit Führungskräften, die sich von den Innovationen ihrer Mitarbeiter in ihrem eigenen Status bedroht fühlen. Dazu eine Begebenheit, wie sie wahrscheinlich jeder Mitarbeiter in jedem Unternehmen weltweit erleben kann, wenn er an die entsprechenden Kollegen gerät: Herr *Scholl* hatte ziemlich zu Anfang seiner Arbeit bei Bosch als Ingenieur vertretungsweise die Aufgabe bekommen, sich um die Benzineinspritzung zu kümmern. Er entwickelte sie fertig. Da ihn das Thema weiterhin interessierte, kümmerte er sich auch in der Folgezeit darum, obwohl dies nicht mehr zu seinen Aufgaben gehörte. Dazu reichte er dann auch einige Erfindungsmeldungen ein. Die Reaktion war, dass der für Benzineinspritzungen zuständige Kollege ihm eines Tages sagte, dass er ihm ausdrücklich verbiete, weiterhin zu dem Thema Erfindungsmeldungen zu schreiben.

Weder kann man Kreativität noch kreatives Denken verordnen, man kann jedoch seitens der Unternehmensleitung auf die Wichtigkeit des Themas immer wieder hinweisen, auch und gerade um durchaus kreativen Mitarbeitern immer wieder Mut zu machen, für ihre kreativen Einfälle, auch gegen Widerstände, einzutreten.

- *Schnelligkeit und Kundenorientierung*

Alle innovativen Unternehmen arbeiten daran, die *time-to-market*-Zeitspanne zu verkürzen, das heißt Neuprodukte nicht ewig lange in der Forschung und Entwicklung reifen zu lassen, sondern sie möglichst schnell in den Markt zu bringen. Außerdem muss natürlich Wert darauf gelegt werden, dass der potenzielle Kunde nicht aus dem Blickfeld verloren wird. Dies führt dazu, dass mit Kunden zusammen neue Produkte entwickelt werden, wie das beispielsweise zwischen Zulieferer- und Automobilindustrie (Bosch mit DaimlerChrysler) geschieht.

Auf der anderen Seite besteht aber die nicht gering einzuschätzende Gefahr, dass auf die innerbetrieblichen Innovatoren der Druck ausgeübt wird, nur noch den Ideen zu folgen, bei denen der Kundennutzen direkt und sofort erkennbar ist. Dies kann dazu führen, dass die Kurzfristigkeit einer Innovation zu sehr in den Blickpunkt gerückt wird und langfristige Innovationen, da sie sich nicht sofort rechnen, aus dem Blickfeld geraten und nicht weiter verfolgt werden. In der extremsten Ausprägung werden dann von *high-tech*-Unternehmen Kunden befragt, was diese sich an Innovationen in nächster Zeit wünschen. Diese Art von Kundenorientierung ist selbstverständlich für ein Handelsunternehmen sinnvoll, ein *high-tech*-Unternehmen jedoch kann den Kunden nicht als alleinigen Maßstab für seine neuen Produkte nehmen. Das Unternehmen selbst muss über die direkt formulierbaren Kundenwünsche hinausdenken und völlig neue Produkte und Dienstleistungen entwickeln, von denen der Kunde selbst noch gar keine Vorstellungen haben kann.

Diese kurzfristige Orientierung bei Innovationen und neuen Produkten steht auch im Zusammenhang mit dem *shareholder-value* und dem Druck, den Unternehmen seitens hauptsächlich institutioneller Anleger und gnadenloser Analysten ausgesetzt sind. So beschreibt die amerikanische Wirtschaftszeitung *Fortune* – nicht gerade verdächtig, dem angelsächsisch geprägten *shareholder-value*-Gedanken übermäßig kritisch gegenüberzustehen – die Gefahren, die gerade durch dieses kurzfristig angelegte Gewinnstreben den Unternehmen drohen. Als positives Gegenbeispiel wird in dem Artikel die Robert Bosch GmbH genannt, die nach wie vor in privaten Händen liegt und daher keinen Analysten Rechenschaft über ihre Ausgaben auch für langfristige *high-tech*-Entwicklungen geben muss (*Fortune*, 11. Januar 1999, S. 46–51).

2. Im Unternehmen

Die bürokratischen Hemmnisse im Unternehmen, das heißt sowohl aus strukturellen Gegebenheiten als auch durch die von entscheidenden Personen geäußerten Vorbehalte gegen Innovationen sind vielfältig. Diese Herausforderungen, mit denen das Innovationsmanagement konfrontiert ist, werden aus allgemeiner, über das spezifische Unternehmen hinausgehender Sicht in dem bereits erwähnten Standardwerk von *Hauschildt* erörtert. Hier will ich mich auf eine illustrierende Erfahrung aus einem Workshop beschränken:

In einem Unternehmen hatte ich einen Kreativitätsworkshop mit der Marketingabteilung geleitet. Die Gruppe entwickelte mittels des Zufallseinstieges eine brillante Idee. Zur Umsetzung der Idee in ein Produkt, das das Unternehmen auf einige Zeit hinaus vor jeden Wettbewerber katapultieren kann, benötigt es die intensive Arbeit der Forschungs- und Entwicklungsabteilung. Es war mit Widerständen zu rechnen, die sowohl aus dem Machtinteresse einzelner Entscheidungsträger als auch aus strukturellen Gegebenheiten resultierten. Solche Widerstände lassen sich konkret innerhalb des Kreativitätsworkshops thematisieren und bearbeiten. Wir arbeiteten mit den *sechs Hüten*, hauptsächlich dem schwarzen Hut, an Problemen und Schwierigkeiten der Umsetzung und darauf folgend mit dem grünen und blauen Hut, um Wege der Problemlösung und einen Aktionsplan zu entwickeln.

Wie mir später vom Leiter der Marketingabteilung berichtet wurde, geschah mit der Idee Folgendes: Sie wurde dem Leiter der Forschung und Entwicklung (F+E) vorgestellt. Dessen sofortige Reaktion war: „So ein Blödsinn, das geht nie! Typisch Marketing, lassen mal wieder allen technischen Sachverstand vermissen.“ Es handelte sich, wie gesagt, um eine Idee, deren Realisierung nicht ganz einfach war. Zwei Wochen später, der Marketingleiter streute die Idee immer mal wieder, vermeldete die F+E: „Also die Idee lässt sich wirklich nicht umsetzen, auch wenn sie durchaus spannend ist. Aber technisch geht das einfach nicht.“ Weitere zwei Wochen später vermeldete die Abteilung: „Wir wissen zwar immer noch nicht, wie das umgesetzt werden soll, aber die Idee ist so gut, dass wir uns da jetzt drangesetzt haben und nach einer technischen Umsetzung suchen.“ Will sagen: Manches braucht Zeit, Geduld, ein insistierendes Beharren und einen Aktionsplan, wie Barrieren und Widerstände angegangen werden können. Gerade das Letztere lässt sich am besten immer am konkreten unternehmensspezifischen Fall erarbeiten.

3. Die Kreativitätsgruppe

Ungemach droht einer neuen Idee nicht nur im Unternehmen durch ein innovationsfeindliches Management oder dem Beharrungsvermögen von Kollegen, die an Schalt- und Budgetstellen sitzen, sondern auch bereits in den Kreativitätsgruppen, die neue Ideen entwickeln.

Ein durchschnittlicher Kreativitätsworkshop über die Dauer weniger Stunden mit der Anwendung von Kreativitätsmethoden wie Zufallseinstieg oder Provokationstechniken kann durchaus 50–150 Ideen produzieren (eigene Erfahrung, die ich mit *David Tanner*, dem Leiter des DuPont Center for Creativity and Innovation teile [*Tanner*, S. 51]). Die Aufgabe besteht nun darin, sich weder von der Menge noch von der Komplexität der Vorschläge „erschlagen“ zu lassen. Eine zusätzliche Herausforderung besteht in der Wertschätzung der entwickelten Ideen. Gerade hier wird das eine oder andere, manchmal gar nicht einmal absichtlich, sondern eher unwissentlich, zerredet. Dazu folgen einige Hinweise, auch methodischer Art, in den nächsten Abschnitten.

- *Umgang mit Komplexität und großer Menge an Ideen*

Kreativität als Grundlage einer jeden Innovation fordert zuerst einmal die Entwicklung von möglichst vielen Ideen. Den Ideen selbst kann man in diesem Stadium noch nicht grundsätzlich ansehen, ob sie auch wirklich gut sind. Ebenso sind hier getreu den Regeln des grünen Hutes selbstverständlich auch „absurd“ anmutende Ideen hochwillkommen. Die Gefahr, die sonst in traditionellen Kreativitäts-Workshops auftreten kann, dass man das

Thema aus den Augen verliert und zu allen möglichen Themen Ideen entwickelt, ist durch den ständigen Bezug auf den Fokus (Bereichs- oder Zweck-Fokus) gebannt.

In diesem Stadium spielt die schiere Menge an Ideen zum Fokus die Hauptrolle und es wäre grundsätzlich falsch, Ideen auf eine bestimmte Anzahl beschränken zu wollen. Alles darf und soll gedacht werden. Daher kann hier sehr gut mit Moderationskarten und Metaplan-Tafeln gearbeitet werden. Es ist auch nichts dagegen einzuwenden, Ideen unter Umständen bereits zu sortieren, solange die Sortierung die Ideen nicht verwässert (siehe dazu mehr im Abschnitt: Nicht clustern sondern kleckern). Eine große Menge an Ideen ist gewollt und sollte auf keinen Fall eingeschränkt werden.

In einem nächsten Schritt sollten die Teilnehmer, um die Mengen handhabbarer zu gestalten, zuerst einmal die Ideen aussortieren, die einen gewissen Neuigkeitswert haben. Bevor Ideen nach verschiedenen Kriterien bewertet werden, empfiehlt sich dieser erste Bewertungsmaßstab aus zwei Gründen: Erstens wird die Komplexität handhabbarer, zum zweiten aber gehen so die Ideen nicht verloren, die wirklich neu sind. Es ist immer wieder zu beobachten, dass sich Kreativitätsgruppen in der Phase der Bewertung plötzlich an Ideen abarbeiten, die von jedem bereits zu anderen Gelegenheiten als nicht besonders innovativ angesehen wurden. Diese Erfahrung teile ich mit Kollegen, die Kreativitätsgruppen auch als interne Moderatoren leiten. Vielleicht liegt das an der bereits an anderer Stelle erwähnten fehlenden Chuzpe vor wirklichen neuen Ideen und an der Schwierigkeit, diese den im Unternehmen verantwortlichen Entscheidungsträgern vorzulegen.

Wenn die neuen Ideen aussortiert sind, am besten auf einer weiteren Pinwand aufgehängt und visualisiert, dann könnten in einem nächsten Schritt diese neuen Ideen nach unterschiedlichen Kriterien weiter bewertet werden. Der Zweck dieser Bewertung ist lediglich festzulegen, welche der neuen Ideen in welcher Reihenfolge weiter betrachtet werden sollen. Es geht hier also nicht etwa um eine endgültige Beurteilung der Ideen, sondern lediglich um eine Priorisierung. Kriterien dafür könnten beispielsweise sein:

- Realisierbar
- Bringt das Unternehmen wirklich nach vorne
- Wenn Kosten eine Rolle spielen: Innerhalb des vorgegebenen Kostenrahmens etc.

Wichtig ist hierbei, sich darüber im Klaren zu sein, dass alle diese Fragen nicht anhand von Daten und Fakten abschließend beurteilt, sondern genau genommen nur über den roten Hut entschieden werden können, also Intuition und „Bauch“. Daher sollte man sich in dieser Phase nicht verzetteln, sondern eine kurze Abstimmung, beispielsweise mit den Moderationspunkten, vielleicht verschiedenenfarbigen für die unterschiedlichen Kriterien, durchführen. (Als Einführung in die Moderationstechniken sehr hilfreich: *Brinkmann* 1999, S. 58 ff.) Noch einmal: Es geht hier keinesfalls um eine abschließende Bewertung sondern lediglich um eine erste Priorisierung (auch „Dot-mocracy" genannt – „Dots" sind die Klebepunkte).

Ist die Priorisierung durchgeführt, hat man die am meisten gepunkteten Ideen vor sich und kann in den nächsten Schritten daran gehen, sich diese genauer anzusehen. Ein Verfahren, um die Ideen dann schnell und einigermaßen umfassend zu bewerten, bieten die *sechs Hüte des Denkens:* Eine erprobte Sequenz, mit der jede einzelne Idee durchdacht werden kann, lautet: *gelber Hut* : Vorteile, Nutzen, Werte von dieser Idee; *schwarzer Hut*: Gefahren, Schwierigkeiten, Probleme, gefolgt vom *grünem Hut*, der danach schaut, wie die Punkte, die unter schwarz gefunden wurden, korrigiert werden können, wobei es hierbei nicht darum geht, die Gefahren endgültig auszuräumen, sondern darum, ob man Gefahren und Schwierigkeiten in den Griff bekommen könnte; darauf folgt ein *weißer Hut*, der danach fragt, welche Informationen zu der Idee noch eingeholt werden müssen und wo man sie sich besorgen kann; dann ein kurzer *roter Hut*, bei dem jeder Teilnehmer gebeten wird, sein „Bauchgefühl", seine Intuition zu der Idee zu äußern (ohne Rechtfertigung, bitte) und zum Abschluss ein *blauer Hut*, unter dem diskutiert wird, welche nächsten Schritte bezogen auf diese diskutierte Idee getan werden sollen. Die Ergebnisse dieses abschließenden blauen Hutes könnten vielleicht sein: Idee soll weitergeführt werden und eine Projektgruppe kümmert sich um die nächsten Schritte, beispielsweise die Informationen einzuholen; oder: Die Idee wird zurückgestellt, denn es gibt noch andere, die vielleicht besser, leichter, kostengünstiger usw., umsetzbar erscheinen. Durch dieses sehr strukturierte Verfahren bekommt man schnell einen guten Überblick über die Idee und kann die hohe Komplexität der Vielzahl von Ideen einigermaßen handhabbar machen, ohne sich erschlagen zu fühlen. Wichtig ist dabei, dass die Ergebnisse protokolliert werden, beispielsweise am Flipchart, wobei zwei entsprechende Flipchart-Blätter wie in Abbildung 10 gezeigt aufgeteilt werden können.

- *Wertschätzung neuer Ideen*

Die Problematik bei der Abarbeitung von Ideen, die in einem Kreativitätsworkshop entwickelt wurden, ist die Wertschätzung, besonders der neuen Ideen. Manche Idee, die wirklich Potential besitzt, wird gar nicht zur Kenntnis genommen oder aber als etwas deklariert, was bereits schon einmal gedacht und dann abgelehnt wurde. Dieser Gefahr kann einmal durch das oben vorgeschlagene Verfahren, zuerst alle Ideen mit Neuigkeitswert auszusortieren und zu betrachten, einigermaßen wirksam begegnet werden. Zum

Abb. 10: Schnelle Abarbeitung einer neuen Idee auf Flipchart

zweiten muss man sich in der Gruppe immer wieder dieser Gefahr bewusst werden, indem man sich zur Regel machen kann, zwischenzeitlich immer wieder darauf hinzuweisen. Und immer, wenn der Satz fällt: „Das ist doch das Gleiche wie …" einmal genau zu überprüfen, wo denn die Unterschiede liegen. Manches wird in einen Topf zusammen geworfen, was gar nicht zusammengehört.

- *Nicht clustern, sondern kleckern*

Moderationstechniken, wie beispielsweise Metaplan, haben in deutschen Unternehmen, vor allen in Großunternehmen, Einzug gehalten. Dies auch völlig zu Recht, da sie Gruppengespräche und Diskussionen zu strukturieren und zu visualisieren helfen. Eine nicht zu unterschätzende Gefahr liegt jedoch im Prozess des „Clusterns": Cluster gruppieren Ideen, fassen sie zusammen und geben ihnen eine allgemeine Überschrift. Dabei besteht die Gefahr, dass manche Idee, die tatsächlich einen Neuigkeitswert besitzt, untergeht und hinterher nicht mehr weiter beachtet wird, da das gesamte Cluster als nicht weiter betrachtenswert eingeschätzt wurde. So verschwindet plötzlich eine Idee, die es durchaus wert gewesen wäre, weiter betrachtet zu werden. Daher sollte bei der Abarbeitung von Ideen jede für sich analysiert werden. Wenn mit den *sechs Hüten* gearbeitet wird, stellt jede Gruppe auch sehr schnell fest, dass man ein Cluster nicht nach den *sechs Hüten* bearbeiten kann, da es viel zu unkonkret ist. Nur zu wirklich konkreten Ideen lassen sich gelbe, schwarze oder auch andere Hüte finden. Die Cluster – Überschriften wie „Kultur“ oder „Training“ oder „Räumlichkeiten“ – bleiben zu allgemein. Anders jedoch die Ideen, die sich dann unter den Überschriften finden lassen wie beispielsweise: „Führungskräfte mit der Notwendigkeit von neuen Ideen und Innovationen vertraut machen“ (versteckt sich unter „Kultur“), „den *think tank* mit der Methode der *sechs Hüte* vertraut machen“ (versteckt sich unter „Training“) oder „Mitarbeiter-Arbeitsplätze prämieren nach besonders kreativer Ausstattung des Schreibtisches“ (wird unter „Räumlichkeiten“ subsumiert). Dies sind drei Beispiele aus einem kleinen Übungs-Workshop, den ich im Rahmen eines Kreativitätstrainings mit einer in Metaplan bestens geschulten Gruppe zum Thema: „Förderung und Pflege der Kreativität im Unternehmen“ erlebt habe. Jede Idee sollte also für sich weiterbearbeitet werden und nicht unter einem Cluster bis zur Unkenntlichkeit zugekleistert werden. Bei der Abarbeitung neuer Ideen sollte lieber vor- und umsichtig gekleckert als geclustert werden. Eine brillante Idee ist mehr wert als zehn Minuten vermeintlicher Zeitersparnis.

- *Nicht grundsätzlich Gruppenkonsens herstellen*

Ein weiteres Problem stellen die immer wiederkehrenden Gruppenaktivitäten dar. Aber es sollte nie vergessen werden: Alle Techniken und Methoden von *de Bono*, die bisher vorgestellt wurden, also sowohl die *sechs Hüte* als auch die Methoden des *lateralen Denkens* sind immer auch für die Einzelarbeit gedacht, beim grünen Hut soll sogar immer zuerst individuell gedacht werden.

Besonders beschwerlich werden Gruppenaktivitäten wenn man eine Vielzahl von Ideen entwickelt hat und sich nun vor die Aufgabe gestellt sieht, diese alle weiterzubearbeiten. Selbst unter Anwendung der *sechs Hüte*, bei der man mit der oben vorgeschlagenen Sequenz etwa 10 Minuten pro Idee benötigt, würde das bei nur 20 Ideen, die in die nähere Auswahl gekommen sind, gut drei Stunden intensives Arbeiten aller Beteiligten benötigen. Es empfiehlt sich daher, nur einige der erfolgversprechendsten Ideen gemeinsam zu bearbeiten, die anderen Ideen können gut in Kleingruppen oder sogar von Einzelpersonen bearbeitet werden. Die Kleingruppen oder Einzelpersonen bekommen die Aufgabe, den blauen Hut zu jeder der ihnen zugewiesenen Idee vorzustellen, wobei sich auch hier ein Protokoll über das, was zur Idee erarbeitet wurde, empfiehlt. Dieses Verfahren kann sowohl innerhalb des Kreativitätsworkshops stattfinden, dann wäre es ein Methodenwechsel. Man kann diese Arbeit aber auch außerhalb des Workshops leisten; dann sollte auf jeden Fall ein kurzes Protokoll erstellt werden, in dem die verschiedenen Hüte nachgelesen werden können.

Einer weiteren Gefahr sollte man sich immer wieder bewusst sein, des Strebens der Gruppe nach Einmütigkeit, die als *Groupthink* die Gefahr bergen, Innovationen und neue Ideen zu verwässern. Gruppen können durchaus dazu tendieren, möglichst Einmütigkeit bei ihren Empfehlungen oder Vorschlägen zu erreichen. Dieses Phänomen wirkt besonders, wenn die Gruppe als *think tank* oder Kreativitätsgruppe mit dem Auftrag vom Vorstand oder einer anderen hohen Ebene des Unternehmens einberufen wird: Man fühlt sich dann als Gruppe verpflichtet, einen Katalog von neuen Ideen und Empfehlungen abzuliefern. Die Gruppenmitglieder sind alle Individuen, die ihre spezifische Geschichte und ihre eigenen Erfahrungen in sich tragen. Wenn man sich als Gruppe verpflichtet fühlt, ein einstimmiges Gruppenvotum abzugeben, dann werden in den Gruppendiskussionen Ecken und Kanten einer Idee abgeschliffen, bis jeder der Gruppenteilnehmer hinter den Empfehlungen stehen kann. Manchmal sind jedoch genau die „Ecken und Kanten" die spannenden Aspekte einer neuen Idee, die eben nicht abgeschliffen werden sollten. Es ist durchaus zu überlegen, ob nicht zu Beginn eines Kreativitätsworkshops eine entsprechende Arbeitsregel verabredet wird, was dann die Funktion des blauen Hutes wäre. Statt gemeinsame Voten abzugeben, könnte man viel eher und besser mit einem „Promotoren-Konzept" arbeiten, bei dem bestimmte Personen, die von spezifischen Ideen besonders überzeugt sind, diese auch als Promotoren gegenüber der Unternehmensleitung vertreten. Eine Idee wird nicht unbedingt dadurch besser, dass eine ganze Gruppe von ihr überzeugt ist, genauso wenig wie sie schlechter wird, nur weil nur einige aus der Gruppe ein Potenzial in ihr entdecken.

- *Ernten*

Der Prozess, den ich im Folgenden beschreibe, lehnt sich an *de Bonos laterales Denken* an, von dem er ein Bestandteil ist. Ich beschreibe ihn hier etwas verkürzt.

Bisher wurden in diesem Abschnitt methodische Hinweise zur Abarbeitung konkreter Ideen gegeben. Wir nehmen in einem Kreativitätsworkshop normalerweise nur die konkreten Ideen wahr, die auf Moderationskarten oder Flipchart aufgeschrieben wurden und arbeiten mit diesen weiter. Es sind jedoch noch weitere Ergebnisse zu sichern, und dies ist das Ziel des Erntens. Es geht darum, aus der Kreativitätssitzung, metaphorisch gesprochen, zwei Schritte herauszutreten und Revue passieren zu lassen, worüber im Kreativitätsworkshop gesprochen und was erarbeitet wurde. Dazu dient eine Checkliste, die in einem ersten Schritt jeder Teilnehmer für sich ausfüllt, um dann in einem zweiten Schritt gemeinsam darüber zu sprechen. Die Checkliste hat die folgenden Überschriften:

Konzepte

Konzepte sind allgemeine Beschreibungen, wie etwas in die Tat umgesetzt wird; sie stehen hinter oder über konkreten Ideen. Nehmen wir an, der Fokus unseres Kreativitätsworkshops hätte gelautet: „Die Motivation des Verkaufsaußendienstes erhöhen". Als konkrete Idee stünde auf einer Moderationskarte: „Dem Verkaufsteam mehr bezahlen". Ein Konzept, das sich hinter dieser Idee verbirgt, könnte lauten: „Leistungen höher belohnen." Dieses Konzept sollte aufgeschrieben werden. Daraus können dann in einem weiteren Schritt wieder konkrete Ideen zu dem Fokus entwickelt werden, die anders als die Ursprungsidee sind, die lautete, dem Verkaufsteam mehr zu bezahlen. Benutzt wird dazu das Konzept und die Frage wird gestellt: Durch welche anderen Möglichkeiten außer der bereits benannten könnten Leistungen höher belohnt werden? Man könnte z. B. Incentives verteilen, wie Reisen oder Abenteuerurlaub, oder man verteilt an die Familienangehörigen des Verkäufers besondere Zusatzleistungen etc. Konzepte sind ein sehr wirkungsvolles Hilfsmittel, um aus einer Idee eine ganze Menge weiterer Ideen zu entwickeln (und stehen auch als eine weitere Technik des *lateralen Denkens* im Seminar auf dem Programm).

Zugänge

Die Kategorie „Zugänge" kann man sich vorstellen wie verschiedene Türen, durch die die Gruppe im Laufe ihres Kreativitätsworkshops bei der Entwicklung ihrer Ideen gekommen ist. Welche Überschriften würde man diesen Ideen geben oder, in der Moderationssprache gesprochen: Unter welchen Cluster würde man sie einordnen und wie würde man die Cluster benennen?

Änderungen oder Paradigmenwechsel

Wenn man den gesamten Prozess der Ideenentwicklung Revue passieren lässt, welche Änderungen in der Richtung oder Natur der Ideen sind eingetreten? Manchesmal sind auch tatsächliche Wechsel in den Denkparadigmen im Laufe des Workshops aufgetreten. Diese sollten notiert werden.

Tenor

Der Tenor einer Sitzung bezieht sich auf alle Ideen, die entwickelt wurden. Würde man der Sitzung eine Überschrift geben: Wie würde sie lauten?

Die Ernte sollte immer zuerst individuell von jedem Teilnehmer eingebracht werden. Dafür reichen einige Minuten. Danach spricht die Gruppe über die Ergebnisse des individuellen Erntens und jeder versucht sich ein

Bild von der Sitzung zu machen. Es ist dabei nicht wichtig, in allen Punkten Übereinstimmung zu erreichen – mancher mag etwas unter „Zugänge“ aufgeschrieben haben, das ein anderer Teilnehmer als „Änderung“ notiert hat. Wichtig ist, aus der Sitzung, die stattgefunden hat, mehr herauszuholen als die Ideen, die bereits auf Moderationskarten notiert sind.

Manchmal ist es notwendig, über den Fokus, den man sich gewählt hatte, eine weitere Sitzung stattfinden zu lassen, vielleicht weil die entwickelten Ideen noch nicht ausreichend sind. Hat man dann die Ernte eingebracht und ein kurzes Protokoll darüber geschrieben, dann kann man in einer weiteren Sitzung gezielt andere Richtungen einschlagen und an anderen Ansatzpunkten für den gleichen Fokus ansetzen. Denn gerade der gemeinsame Prozess des Erntens macht deutlich, was die Gruppe bisher erreicht hat und wo es sich noch lohnen würde, weiter zu suchen und welche weiteren Zugänge noch gewählt werden können.

Während an einigen Schwierigkeiten und Hindernissen für Innovationen aus der Stellung des einzelnen Mitarbeiters nur bedingt etwas geändert werden kann, beispielsweise einem innovationsfeindlichen Management Innovationsfreundlichkeit zu verordnen oder Innovationen blockierende Führungskräfte auszutauschen, so kann ein Kreativitätsworkshop oder *think tank* mit einigen methodischen Handgriffen und Hilfsmitteln seine Arbeit durchaus erfolgversprechend gestalten. Und wirklich gute neue Ideen haben eine höhere Umsetzungswahrscheinlichkeit als die vielen bereits schon einmal gedachten Ideen.

VIII. Früher Ansatz: de Bono in der Schule

Edward de Bono ist in vielen Kreisen, besonders in Unternehmen, durch sein *laterales Denken* und die *sechs Hüte des Denkens* bekannt. Auch wenn die Programme nicht ausschließlich für das Management gedacht und konzipiert sind, werden sie doch gerade von diesem rezipiert. Erwähnt wurden bereits die *sechs Hüte*, die z.B. auch in Schul- und allgemeinen Bildungsprogrammen gelehrt und gelernt werden.

Ein Lern- und Trainingsprogramm, überhaupt sein erstes, hat die Zielgruppe Schulkinder und Jugendliche im Auge. Es heißt *CoRT* und steht für *Cognitive Research Trust*. Dieses Programm datiert von 1973 und wurde unter Mithilfe seines Bruders *Peter de Bono* herausgebracht. Zum Thema Denken und Denken lernen sind neben diesem Programm noch weitere Bücher von *de Bono* erschienen.

Das *CoRT*-Programm wird in verschiedenen Ländern wie beispielweise Singapur aufgrund der Initiative meiner Kollegen *Peter* und *Linda Low* in Samstagsschulen unterrichtet; in Venezuela ist es in das offizielle Schul-Curriculum übernommen worden, in den Vereinigten Arabischen Emiraten steht dieser Schritt bevor und auch Schulen in anderen Ländern unterrichten Teile des Programms. Die Initiative geht, mit Ausnahme von Venezuela, in der Regel von einzelnen Lehrern aus, institutionelle Unterstützung gibt es bislang noch wenig. Dies könnte sich ändern: Im Frühjahr 1997 schlossen sich 3 Schulen aus Norditalien, Spanien und Süddeutschland zu einem europäischen Bildungsprojekt (Sokrates/Comenius, Aktion 1) zusammen. Ziel war und ist es, *de Bonos CoRT*-Denklektionen in den täglichen Schulunterricht zu integrieren.

Das *CoRT*-Programm besteht aus sechs Folgen zu jeweils 10 Lektionen, die unabhängig voneinander unterrichtet werden können. Die erste Serie beschäftigt sich beispielsweise mit der „Erweiterung der Wahrnehmung“ (oder Sichtweisen), *CoRT* 4 widmet sich der „Kreativität“, in der auch die Techniken des *lateralen Denkens* zu finden sind. Mit den einfachen Denkwerkzeugen der *CoRT* 1-Serie sind im Rahmen des erwähnten EU-Projektes bisher auch die meisten Erfahrungen gesammelt worden.

Die Idee dieser Denkwerkzeuge basiert auf der grundsätzlichen Überlegung, dass Denken nicht ausschließlich eine Frage der Intelligenz ist, sondern dass die Qualität des Denkens in hohem Maße von der Qualität der Wahrnehmung abhängig ist. Denken wird von *de Bono* beschrieben als die operativen Fertigkeiten, mit denen die Intelligenz auf Wahrnehmungen und Erfahrungen reagiert (*de Bono*, Einführung in die *CoRT*-Lektionen). Wenn die Wahrnehmung fehlerhaft ist, dann kann auch die höchste Intelligenz aus dem Wahrgenommenen keine vernünftigen Schlüsse ziehen. Wir werden in jeder Sekunde mit einer Vielzahl von Informationen bombardiert und müssen davon eine große Menge einfach ignorieren, um überhaupt handlungsfähig zu sein. Oder wie es *Hubert Markl*, Präsident der Max-Planck-Gesellschaft, in einem Interview ausdrückte: Das „Sinnesnervensystem funktioniert wie eine einzige, gigantische Informationsvernichtungsmaschine. ... Während unsere Seh-, Hör-, Geruchs-, Geschmacks-, Tast- und andere Sinne ununterbrochen Abermillionen Bit pro Sekunde an Daten über unsere Außen- und Innenwelt aufnehmen und in unser Gehirn melden, lassen wir davon allenfalls, wenn es hochkommt, einige hundert Bit pro Sekunde – meist viel weniger – tatsächlich in unser Bewußtsein dringen und das allermeiste, was wir hören, sehen, riechen oder fühlen ignorieren wir darüber hinaus auch noch“ (Markl).

Die Frage ist lediglich, ob wir die richtigen Informationen ignorieren. Fünf allgemeine Versäumnisse in der Wahrnehmung lassen sich, nach *de Bono*, folgendermaßen zusammenfassen:

- Wir lassen etwas außer acht.
- Wir sehen nur einen Teil der Situation.
- Wir lassen Dinge einfach aus.
- Wir unterlassen es, Konsequenzen oder das Denken anderer Leute einzubeziehen.
- Wir unterlassen es, Alternativen zu entwickeln.

De Bono hat einfache Denkwerkzeuge entworfen, die helfen, diese Wahrnehmungsfallen zu umgehen. Diese Werkzeuge sind zuerst im *CoRT*-Programm beschrieben, finden aber auch Anwendung beim Denktraining für Erwachsene, denn die Problematik der Wahrnehmung gilt sowohl für Schulkinder und Heranwachsende als auch für Erwachsene. Spätestens seit in vielen Familien das Fernsehen die Erzieherrolle übernommen hat, klagen Pädagogen zunehmend über Wahrnehmungsdefizite bei ihren Schülern im Unterricht. Viele Werbespots und Musikvideos erziehen mit ihrer rasanten Schnittfolge geradezu zu einer oberflächlichen Wahrnehmung. Daher sind diese Denkwerkzeuge eine Hilfe für eine genauere Wahrnehmung, die die Grundlage für die effiziente Nutzung unserer Intelligenz bilden. Einige sind im Folgenden beschrieben:

- PMI steht für Plus, Minus und Interessant. Bei diesem Tool geht es darum, einem Thema die volle Aufmerksamkeit zu schenken, indem es unter drei verschiedenen Fragestellungen nacheinander untersucht wird: Zuerst wird nach den positiven Aspekten geschaut, und zwar möglichst umfänglich. Dann kommen die negativen Aspekte an die Reihe, als Drittes dann schließlich alle weiteren Aspekte, die von Interesse sein könnten. Meist sind dies Fragen, die auf das jeweilige Thema bezogen offen bleiben und bei denen interessant ist zu schauen, wie sie beantwortet werden. Übrigens hat auch dieses Denktool, ursprünglich für die Schule gedacht, einen ganz anderen Weg gefunden: Es wird Mediatoren, die mit ihren Kunden zusammen Wege aus einem Konflikt suchen, als ein probates Bewertungs- und Entscheidungshilfsmittel für entwickelte Ideen empfohlen (*Sellnow*, S. 104). Dafür eignet es sich auch ganz hervorragend.

- C&S steht für Consequences and Sequels, auf deutsch: Konsequenzen und Folgen. Das Tool C&S lenkt die Aufmerksamkeit auf die Konsequenzen, die eine bestimmte Aktion mit sich bringen kann. Hierbei kann auch unterschieden werden zwischen kurzfristigen, mittelfristigen und langfristigen Perspektiven, wobei die Bestimmung der Zeiträume, was kurzfristig etc. bedeutet, je nach Situation selbst festgelegt werden kann.
- OPV steht für Other People's Views, auf deutsch: Die Sichtweisen der Anderen. Um der Falle zu entgehen, Themen nur aus der eigenen Sichtweise zu betrachten, gibt es das Tool OPV, in dem die Sichtweisen anderer Betroffener und Beteiligter ganz gezielt in den Fokus genommen werden. Es verlangt erstens, festzulegen, welche anderen Personen von dem Thema, das zur Diskussion steht, betroffen sind und zweitens, deren Sichtweisen zu dem Thema herauszufinden.
- CAF steht für Consider all Factors, auf deutsch: Berücksichtigung aller Faktoren. Welche Faktoren sind für ein Thema bestimmend, woran muss gedacht werden? Diese Fragen werden unter dem Tool CAF gestellt.
- FIP steht für First Important Priorities, auf deutsch: Prioritäten ersten Ranges. Eine Liste, die unter CAF entwickelt wurde, beinhaltet alle Faktoren. Häufig müssen jedoch Einschränkungen in Kauf genommen werden, um sich auf etwas zu konzentrieren, daher grenzt dieses Tool alle denkbaren Faktoren auf die wichtigsten ein.
- APC steht für Alternatives, Possibilities and Choices, auf deutsch: Alternativen, Möglichkeiten und Wahlmöglichkeiten. Hierbei geht es um eine allgemeine Bemühung, nach Alternativen und anderen Möglichkeiten zu schauen. Wir müssen Alternativen entwickeln, wenn wir etwas verstehen wollen, wenn wir nach anderen Handlungsmöglichkeiten Ausschau halten und wenn wir die Auswahl unter verschiedenen Handlungsoptionen möglichst groß halten wollen.

Diese Denkwerkzeuge sind einfach in der Anwendung, aber gerade deswegen sehr wirkungsvoll. Sie geben Handlungsanweisungen für das Denken, die dazu führen, dass wir wissen, was mit einer Sache, einem Thema gedanklich geschehen soll. Man kann die Werkzeuge auch als Software für das Denken beschreiben, als Programme, die das Denken unterstützen und effektiver gestalten.

Die deutsche Schule, die an dem EU-Bildungsprojekt beteiligt ist, ist die „Jörg-Ratgeb-Schule“ in Stuttgart-Neugereut, ein Schulverbund aus Hauptschule mit Werkrealschule, Realschule und Gymnasium. Das *CoRT*-Programm Folge 1: Erweiterung der Wahrnehmung (oder Sichtweisen) ist nach zweijährigem Probelauf im Schuljahr 1999/2000 in allen 7. Klassen quer durch die Schularten eingeführt und unterrichtet worden. Die Denkwerkzeuge sind sowohl in die klassischen Bildungsfächer wie Deutsch, Geschichte, Gemeinschaftskunde und Sozialkunde, Religion und Ethik als auch in naturwissenschaftliche Fächer wie Mathematik und Physik oder in den Kunstunterricht eingebracht worden. Die Einführung der Denkwerkzeuge erfolgte zunächst fachunabhängig, um dann in vielfältigen fachspezifischen Unterrichtssituationen gewinnbringend zum Einsatz zu kommen. Neben dem allgemeinen Vorteil, sowohl für Schüler als auch für Lehrer, außer der Vermittlung von Wissen einmal für den Alltagsgebrauch nützliche Denkwerkzeuge zu unterrichten, also Abwechslung in den Schulalltag zu bringen, berichteten die Lehrer von den folgenden Erfahrungen:

Nach den ersten Berührungen mit den Denkwerkzeugen fragten Schüler immer wieder nach, wann denn endlich mal wieder eine der *CoRT*-Lektionen unterrichtet würde. Das Interesse an den Werkzeugen ist sehr groß, wahrscheinlich, weil sie unmittelbar auf viele Situationen anwendbar sind und die Wahrnehmung erheblich erweitern helfen, gerade auch bei komplexeren Situationen. Die Schüler finden Anerkennung, denn bei keinem dieser Werkzeuge geht es um die Frage nach richtig oder falsch, sondern im Zentrum stehen Fragen danach, wie man denn etwas *noch* sehen kann und wie komplexe Sachverhalte handhabbar gemacht werden können. Durch den Wegfall von Bewertungen bekommen gerade auch Kinder mit Schulproblemen hohe Erfolgserlebnisse; Selbstwertgefühl und das Vertrauen in eigene Ideen und Sichtweisen werden gesteigert. Dies ist ein wichtiger Punkt, der auch bei der Anwendung der Werkzeuge mit benachteiligten Gruppen von Erwachsenen eine Rolle spielt (siehe nächstes Kapitel). Auch für die Lehrer selbst sind Erfolge zu sehen: Ihr Bild von den Schülern kann sich ändern und ändert sich auch: Plötzlich erleben sie Schüler, die in bestimmten Fächern bislang keine Beiträge leisteten, mit durchaus pfiffigen Einfällen, weil ihnen die Denkwerkzeuge praktische Handlungsanweisungen für ihr eigenes Denken geben.

Alle diese Erfahrungen zeigen, wie durch einfache und praktische Denkwerkzeuge die Denkfähigkeiten erheblich gesteigert werden können. Und nebenbei wird für die Lehrer manche Diskussion mit Schülern erheblich kürzer und gleichzeitig reichhaltiger in den Ergebnissen: So wurde z. B. der schulinterne Weihnachtsbasar mit den Denkwerkzeugen in den Klassen vorbereitet (welche Faktoren? = CAF, welche Prioritäten? = FIP, wie sehen das die Anderen? = OPV). Oder die Reise in das Schullandheim wurde geplant, gerade im Hinblick darauf, woran alles gedacht werden muss (CAF) und was davon wirklich wichtig ist (FIP). Entscheidungsprozesse, die sonst oftmals sehr zäh zu werden drohten, gingen schnell und konstruktiv über die Bühne und so gut wie nichts wurde seitens der Schüler vergessen. Das Lehrerkollegium selbst plante die anstehende 25-Jahr-Feier der Schule mit Hilfe der Zufallsworttechnik, einem Denkwerkzeug aus *CoRT*4, das als Bestandteil des *lateralen Denkens* bereits beschrieben wurde. Über das zufällig gefundene Wort „Länge“ kam über Assoziationen die Idee zu einer „Zeitreise“ durch 2000 Jahre Menschheitsgeschichte, die beim Schulfest erfolgreich mit Eltern, Schülern und Lehrpersonal präsentiert wurde und an Ideenreichtum nicht zu überbieten war.

Aufgrund der guten Erfahrungen mit *CoRT*1 haben sich die o. g. Partnerschulen um ein Folgeprojekt bemüht und gleich noch zwei weitere Schulzentren aus Italien und Deutschland ins Boot geholt. Die Jörg-Ratgeb-Schule in Stuttgart-Neugereut wird im Schuljahr 2000/2001 in allen achten Klassen die Folge 4 des *CoRT*-Programmes, in der es um Kreativität geht, in den Unterricht aufnehmen. Begleitend dazu widmet sich ein Lehrerteam der Thematik der „emotionalen Intelligenz“, die u. a. in *de Bonos sechs Hüten* (roter Hut) aufgegriffen wird.

Trotz der enormen Akzeptanz bei Schülern und Schülerinnen, bei Eltern und Schulbehörden bleibt es ein mühsames Unterfangen, das Unterrichten von Denken als festen Bestandteil in ein, vielleicht sogar in Zukunft europäisches, Schulcurriculum zu transplantieren. Ausbildungsbetriebe und Firmen beklagen allenthalben das Fehlen von kreativem und eigenständigem Denken bei Schulabgängern. Gerade an der Schnittstelle Sekundarstufe der allgemeinbildenden Schulen und Berufsausbildung könnten *de Bonos* Denkwerkzeuge wertvolle Dienste leisten. Zwar wird auch in deutschen Schulen zunehmend Wert auf Methodenkompetenz gelegt (Stichwort: „Lernen lernen“, Mediation in Schulkonflikten etc.), und doch setzt *de Bonos CoRT*-Programm deutlich näher an der Wurzel menschlicher Wahrnehmung an. Wenn wir uns eingestehen wollen, dass sich die Randbedingungen unserer Wahrnehmung dramatisch verändern, wird sich Schule grundlegend neu definieren müssen, wenn sie an der Schwelle zum neuen Jahrtausend ihrem Auftrag gerecht werden will.

Eine weitere europaweite Initiative hat *de Bono* vor einigen Jahren unter den Namen *youthconsult – speak and be heard* gestartet. Jugendliche sind aufgerufen, zu Themen, die gesellschaftliche, politische aber auch unternehmensspezifische Frage- und Problemstellungen betreffen, ihr Denken beizusteuern. Jährlich werden die besten Beiträge dazu von einer unabhängigen Jury bewertet und ausgezeichnet. In diesem Jahr fand die Auszeichnung im Rahmen der Expo in Hannover statt. Weitere Informationen dazu können unter www.youthconsult.com gefunden werden.

IX. Einfache Werkzeuge fürs Denken – auch für Erwachsene

Unter dem Stichwort „Erweiterung der Wahrnehmung“ ist auch für Erwachsene ein Seminarprogramm mit dem Namen „DATT – Direct Attention Thinking Tools“, auf deutsch „DATT – Zehn Instrumente zum strukturierten Denken und Handeln“, von *de Bono* entwickelt worden. Diese zehn Instrumente sind weitgehend deckungsgleich mit den Werkzeugen der Folge 1 des *CoRT*-Programmes. Zielgruppe sind hier Erwachsene. Auch diese Werkzeuge dienen dazu, die Wahrnehmung zu steigern, damit das Denken möglichst umfassend geschehen kann.

Wie bei dem *CoRT*-Programm scheint die Wirkung hauptsächlich auf der Ebene der Stärkung des Selbstbewusstseins der Menschen zu liegen. Neben Anwendungen in Unternehmen, wie beispielsweise mit Minenarbeitern in Südafrika, die in aller Regel weder schreiben noch lesen können, und in der Produktion bei Playmobil in Malta oder auch im Management in den Arabischen Emiraten gibt es erstaunliche Zahlen aus der Arbeitsverwaltung in Großbritannien zu berichten. Im Rahmen des sog. New Deal der britischen Regierung wurden auch die Arbeitsämter des Königreiches aufgefordert, ihren Teil zum Abbau der besonders hohen Jugendarbeitslosigkeit beizutragen. In einem Programm der Arbeitsverwaltung wurden Gruppen von beschäftigungslosen Jugendlichen drei Mal zwei Stunden mit einigen ausgewählten Werkzeugen aus dem DATT-Programm und den *sechs Hüten* vertraut gemacht. Am Ende des Programms stand die Frage der Anwendung der gelernten Werkzeuge, bezogen auf die Möglichkeiten und Bewertung von Arbeitsplätzen und die Vorbereitung auf Bewerbungsgespräche, im Vordergrund. Es handelte sich also insgesamt um eine sehr kurze und knappe Berührung mit einigen Werkzeugen von *Edward de Bono.* Die eigenen Statistiken der Arbeitsverwaltung haben folgende Zahlen erbracht:

- Die Erfolgsquote beim Finden von Arbeitsplätzen ist vier- bis fünfmal höher als bei Gruppen, die nicht an diesem Training teilgenommen haben.
- 90% derjenigen, die Arbeit gefunden haben, sind auch sechs bis neun Monate nach dem Training noch in den Jobs tätig.
- 85% der Teilnehmer an dem Training sind nicht mehr arbeitslos gemeldet und verlangen auch keine Arbeitslosenhilfe mehr.

Die Zahlen sprechen für sich. Einige Zitate der Teilnehmer an dem sechsstündigen Training:

- „Ich habe das Gefühl als ob ich nach diesem Training alles erreichen kann, wenn ich diese Art des Denkens für mich nutze."
- „Ich habe einen ganz neuen und unbekannten Schwung von Ideen und werde mir eine Zukunft durch diese positive Art des Denkens bauen."
- „Dies ist wahrscheinlich der sinnvollste Kurs, der innerhalb dieses ganzen Programms New Deal angeboten wird."

Zitate von den Arbeitsvermittlern.unterstützen diese Einschätzung der Arbeitslosen:

- „Er sicherte sich eine Anstellung direkt nach dem Training, obwohl die Fahrerei wirklich sehr kompliziert ist. Er hatte noch nie in seinem Leben gearbeitet und war seit 24 Monaten arbeitslos gemeldet."
- „Sie hat all ihre mentalen Blockaden nach dem Workshop abgelegt und war neuen Ideen gegenüber viel offener. Sie bekam einen Arbeitsplatz in einem Kaufhaus im Stadtzentrum und ist dort immer noch beschäftigt. Hätte sie den Workshop nicht besucht, wäre ihr Schicksal wahrscheinlich die lebenslange Abhängigkeit von staatlicher Unterstützung gewesen." (Alle Zitate aus den Ergebnisberichten der an diesem Programm beteiligten Arbeitsverwaltungen des Vereinigten Königreiches).

Selbst nach Jahren intensiven Trainings der Methoden und positiver Erfahrungen mit meinen Teilnehmern versetzen mich solche Erfolgsberichte immer noch in ein gewisses Erstaunen. Erstaunt bin ich über die fundamentale Änderung des eigenen, aber auch des Denk- und Diskussionsverhaltens anderer durch die im Großen und Ganzen sehr leicht zu lernenden Denk- und Kreativitätswerkzeuge. Die persönlichen Gestaltungsfreiräume, die einem durch diese Denkwerkzeuge eingeräumt werden, können meiner Erfahrung nach nicht hoch genug eingeschätzt werden, und dies reicht weit über den rein beruflichen und unternehmensspezifischen Anwendungsbereich hinaus.

X. Literaturverzeichnis

de Bono, Edward	The Use of Lateral Thinking. London 1967
ders.	The Mechanism of Mind. Middlesex 1969
ders.	I am right, You are Wrong. London 1991
ders.	Serious Creativity: Die Entwicklung neuer Ideen durch die Kraft des lateralen Denkens. Stuttgart 1996
ders.	Der umwälzende Charakter des parallelen Denkens. Broschüre zu dem Seminar: *Die Sechs Hüte des Denkens*. (Advanced Practical Thinking and Training). Des Moines 1998
ders.	de Bono Interview. In: http://www.aptt.com/interview.htm
ders.	Messages. In: http://www.edwdebono.com
Brinkmann, Rolf D.	Techniken der Personalentwicklung. Trainings- und Seminarmethoden. Heidelberg 1999
DfEE	All Our Futures: Creativity, Culture and Education. Herausgegeben vom National Advisory Board on Creative and Cultural Education im Auftrag des Department for Education and Employment (DfEE). Sudbury 1998/99
Hauschildt, Jürgen	Innovationsmanagement. München 1997
Hillman, David/ Gibbs, David	Genial!: die 100 genialen Erfindungen des 20. Jahrhunderts, ohne die unser Alltag nicht mehr vorstellbar ist. Köln 1998
Markl, Hubert	Was wird aus Menschen, die unter Bildgewittern frühstücken? Von der Mediengesellschaft zur Wissensgesellschaft/ Hubert Markl zur Zukunft im globalen Informationsnetzwerk. Dankesrede vom 22. Juni 1997 zur Verleihung des Herbert-Quandt-Medien-Preises. Frankfurter Rundschau, Nr. 170 vom 25. Juli 1997, S. 16
Mingo, Jack	How the Cadillac got its Fins: And other Tales from the Annals of Business and Marketing. New York 1994
von Pierer, Heinrich/ von Oetinger, Bolko	Wie kommt das Neue in die Welt? Reinbeck 1999
Ponschab, Reiner/ Schweizer, Adrian	Kooperation statt Konfrontation: Neue Wege anwaltlichen Verhandelns. Köln 1997
Schiffer, K. Jan	Wirtschaftsschiedsgerichtsbarkeit – Die erfolgreiche außergerichtliche Streitlösung. Köln/Berlin/Bonn/München 1999
Sellnow, Reinhard	Kreative Lösungssuche in der Mediation. Zeitschrift für Konfliktmanagement, Heft 3/2000 S. 100–105
Tanner, David	Total Creativity in Business & Industry: Road Map to Building a More Innovative Organization. (Advanced Practical Thinking and Training). Des Moines 1997

Der Autor:

Dr. Andreas Novak

Seit 1992 selbstständig tätig mit den Schwerpunkten

- Kreativitätstechniken, Innovationsworkshops
- Mediation (Konfliktlösung) im Wirtschaftsbereich
- Management-Coaching
- Organisations- und Teamentwicklung

Isoldestr. 4, 12159 Berlin, Tel.: 030-85077315
E-Mail: an@andreas-novak.de
http://www.andreas-novak.de

Notizen

Notizen

Notizen

Notizen

Arbeitshefte Führungspsychologie

Herausgegeben von Ekkehard Crisand.

Sauer-Verlag

Heidelberg